BY THE HEARTH IN MÍN A' LEÁ
COIS TINEADH I MÍN A' LEÁ

Cathal Ó Searcaigh
BY THE HEARTH
IN MÍN A' LEÁ
COIS TINEADH I MÍN A' LEÁ

Translated by Frank Sewell,
Denise Blake and
Seamus Heaney

Arc
PUBLICATIONS
2005

Published by Arc Publications,
Nanholme Mill, Shaw Wood Road
Todmorden OL14 6DA, UK

Design by Tony Ward
Printed by Antony Rowe Ltd
Eastbourne, East Sussex

ISBN 1 904614 21 3

ACKNOWLEDGEMENTS
This selection of Cathal Ó Searcaigh's poetry
is taken from two collections:
Homecoming: Selected Poems
(Cló Iar-Chonnachta, 1993) and
Out in the Open (Cló Iar-Chonnachta, 1997)

The cover painting is
'A Field We Knew Together'
by Melita Denaro
(oil on canvas, 48 x 60 inches),
courtesy of
John Martin Gallery.

The Publishers acknowledge financial
assistance from ACE Yorkshire

Translations Editor: Jean Boase-Beier

This book is for
Shantaram Sapkota

Contents

Our landscape is enriched by rumour.
Every day, history takes place
even when nothing happens.
– Christopher Reid

from *Katerina Brac*
(Faber and Faber, 2001)

An open space to move in
with the whole body, the whole mind
– Gary Snyder

from *No Nature: New & Selected Poems*
(Pantheon Books, 1993)

A Translator's Preface

1.

The translator
goes down on history:
a cunning linguist.

2.

Celtic histories are hidden,
we uncover them for you;
then wrap them in translation,
each a version, an un/truth.

Seán ó Ríardáin has observed in his poem 'Conas?' / 'How is it?' that language shapes a people. It should be no surprise, therefore, to find that it also shapes a poem or translation. Does this make translation a crossroads, pointing the vehicle of each language in opposite directions?

Salman Rushdie has noted that "the word 'translation' comes, etymologically, from the Latin 'bearing across'. Having been borne across the world, we are translated men. It is normally supposed that something always gets lost in translation; I cling obstinately to the notion that something can also be gained." Bearing each of these poems across the borderlines between Irish and English, I found that they struck up a conversation, as if following the maxim that *giorraíonn beirt bothar* / two shorten a road. I also found that to reach roughly the same destination, they had to approach it by divergent means. I hope that the resultant criss-crossings and meanderings 'gain' back some of the ground inevitably lost from Irish.

Among the best writers in Ireland today, a growing number are writing in and / or reading in Irish. To ignore them or the influence of writing in Irish, would be to dismiss half the orchestra before listening to the full concerto of Irish literature.

As it is, more and more work in Irish is being translated into a range of European and Asian languages by various methods all of which come between the reader and the original work. Yet, this is not cause for despair. Where translation is necessary, it should (and often does) earn its keep by striving to become a craft or art-form of its own, mirroring the standards of the original. For example, it may be as important for the translation to be as *caint na ndaoine*-based (i.e. based on the speech actually used by real, living people) as it is for the original; otherwise, the translation may appear folksy and daft, not foxy and deft.

My own 'translations' are creative engagements with the original texts. If I had a model it was Paul Muldoon's co-piloting of Nuala Ni Dhomhnaill's *Astrakhan Cloak* voyage. If I followed advice, it was Alan Titley's warning that "the rustle of sheets in one language can become the scratching of the bed-post in another". Indeed, Titley's remark proved to be crucial because Cathal's poems are *sexy*: they passionately savour the communion of words and experience, celebrating both. If my versions in English help him to satisfy a wider audience, then my contribution will adequately reflect my admiration for him and for his work.

As for method, I believe that to be true to the sense and sensibility of a whole poem; one must be prepared to play around with the individual word or phrase. To be too faithful is to be unfaithful or, in Matisse's words, "l'exactitude n'est pas la verité".

For some time, I have accepted Seán ó Ríardáin's definition of poetry as prayer. I have since found a definition of prayer by Leonard Cohen:

– Prayer is translation. A man translates himself into a child asking for all there is in a language he has barely mastered. Study the book.

– And the English is execrable. F., you torture me purposefully.

– Ah, he said, blithely sniffing the night, ah, it's soon Christmas in India. Families gathered round the Christmas curry, carols before the blazing Yule corpse, children waiting for the bells of Bhagavad-Santa.
– You soil everything, don't you?
– Study the book. Comb it for prayers and guidance. It will teach you how to breathe.
– Sniff. Sniff.
– No, that's wrong.
Perhaps we should take a lead from musicians like Cohen and begin to consider translations as cover versions. At the worst end of the scale, you'll have really awful Elvis impersonators but, at best, there'll be songs borne across the world, joining the caravan, of a new movement called world music, a fusion or harmony sought ever since Kandinsky's compositions sang and Mondriaan's colours boogied. Wopbop-a-lu-bop / wa-lop-bam-boo! Now that sounds good in any one's language (even if it leaves me with the Elvis impersonators).

Frank Sewell

13

PART I: HOMECOMING

Triall

do Rachel Brown

Triallfaidh mé le mo chrá amárach ar thearmann
anonn thar fhraoch na farraige;
óir chan fhuil fáil i reilig bhrocach na n-árasán
ar a bhfuil curtha anseo de m'óige.

Ansiúd thall tá seanteallach foscailte an chineáltais
agus tinidh chroíúil na fáilte;
ansiúd tá teangaidh sholásach ina cógas leighis
le léim a chur arís i mo shláinte.

Ó triallfaidh mé ar thearmann na coimirce anonn
agus dóchas ag bolgadh i mo sheolta;
áit a bhfaighidh mé goradh agus téarnamh ann
ó shráideacha atá chomh fuar le tumba.

Will Travel

for Rachel Brown

To-morrow I travel on to a haven
Beyond the pitch and brawl of the sea:
The flats round here are a run-down graveyard
Where my young self walks like a nameless zombie.

In an open house over there, the hearth
Is the heart and soul of every welcome;
When I hear that candid, soothing accent
I'll be flush with health and my step will quicken.

O I'm travelling on to a sheltering haven
And hope is bellying out in my sail.
In a warmer place, I'll mend and be safe
From streets as cold as the wind round headstones.

Translated by Seamus Heaney

Pilleadh an Deoraí

Teach tréigthe roimhe anocht.
Ar an tairseach, faoi lom na gealaí, nocht,
scáile an tseanchrainn a chuir sé blianta ó shin.

Exile's Return

He's back tonight to a deserted house.
On the doorstep, under a brilliant moon, a stark
shadow: the tree he planted years ago is an old tree.

Translated by Seamus Heaney

Na Píopaí Créafóige

Ní chasfaidh tusa thart do chloigeann
agus an bás ag rolladh chugat mar an t-aigéan.
Coinneoidh tú ag stánadh air go seasta
agus é ag scuabadh chugat isteach ina spraisteacha geala
ó fhíor na síoraíochta.
Coinneoidh tú do chiall
agus do chéadfaí agus é ag siollfarnaigh
thar chladaí d'inchinne
go dtí go mbeidh sé ar d'aithne
go huile agus go hiomlán
díreach mar a rinne tú agus tú i do thachrán
ar thránna Mhachaire Rabhartaigh
agus tonnta mara an Atlantaigh
ag sealbhú do cholainne.
Ach sula ndeachaigh do shaol ar neamhní
shroich tusa ciumhais an chladaigh.
Tarlóidh a mhacasamhail anseo.
Sroichfidh tú domhan na mbeo
tar éis dul i dtaithí an duibheagáin le d'aigne;
ach beidh séala an tsáile ort go deo,
beidh doimhneacht agat mar dhuine:
as baol an bháis tiocfaidh fírinne.

Ní thabharfainn de shamhail duit i mo dhán
ach iadsan i gcoillte Cholumbia
ar léigh mé fá dtaobh daofa sa leabharlann:
dream a chaitheann píopaí daite créafóige, píopaí
nár úsáideadh riamh lena ndéanamh
ach scaobóga créafóige
a baineadh i mbaol beatha
i ndúichí sean-namhad, gleann scáthach

The Clay Pipes

You won't be the one to turn away when death
rolls in towards you like the ocean.

You will hold to your steadfast gaze,
as it comes tiding in, all plash and glitter
from the rim of eternity.
You will keep your head.
You will come to your senses again as it
foams over the ridged beaches of your brain
and you will take it all in
and know it completely:
you will be a child again, out on the strand
at Magheraroarty, your body
abandoned altogether
to the lift of the Atlantic.
But before you went the whole way then away
into nothingness, you would touch the bottom.
And this will be what happens to you here:
You'll go through a black hole of initiation,
then reach the land of the living;
but the seal of the brine will be on you forever
and you'll have depth as a person:
You'll walk from danger of death into the truth.

Here is the best image I can find:
you are like the forest people of Columbia
I read about in the library,
a tribe who smoke clay pipes, coloured pipes
that used to have to be made from this one thing:
basketfuls of clay
scooped out in fatal danger
in enemy country, in a scaresome place

timepallaithe le gaistí, gardaí agus saigheada nimhe.
Dar leo siúd a deir an t-alt tuairisce
nach bhfuil píopaí ar bith iomlán,
seachas na cinn a bhfuil baol
ag baint le soláthar a gcuid créafóige.

full of traps and guards and poisoned arrows.
According to this article, they believe
that the only fully perfect pipes
are ones made out of the clay
collected under such extreme conditions.

Translated by Seamus Heaney

Caoineadh

i gcuimhne mo mháthar

Chaoin mé na cuileatacha ar ucht mo mháthara
An lá a bhásaigh Mollie — peata de sheanchaora
Istigh i gcreagacha crochta na Beithí.
Á cuartú a bhí muid lá marbhánta samhraidh
Is brú anála orainn beirt ag dreasú na gcaorach
Siar ó na hailltreacha nuair a tímid an marfach
Sna beanna dodhreaptha. Préacháin dhubha ina scaotha
Á hithe ina beatha gur imigh an dé deiridh aisti
De chnead choscrach amháin is gan ionainn iarraidh
Tharrthála a thabhairt uirthi thíos sna scealpacha.
Ní thiocfaí mé a shásamh is an tocht ag teacht tríom;
D'fháisc lena hucht mé is í ag cásamh mo chaill liom
Go dtí gur chuireas an racht adaí ó íochtar mo chroí.
D'iompair abhaile mé ansin ar a guailneacha
Ag gealladh go ndéanfadh sí ceapairí arán préataí.

Inniu tá mo Theangaidh ag saothrú an bháis.
Ansacht na bhfilí—teangaidh ár n-aithreacha
Gafa i gcreagacha crochta na Faillí
Is gan ionainn í a tharrtháil le dásacht.
Cluinim na smeachannaí deireanacha
Is na héanacha creiche ag teacht go tapaidh,
A ngoba craosacha réidh chun feille.
Ó dá ligfeadh sí liú amháin gaile — liú catha
A chuirfeadh na creachadóirí chun reatha,
Ach seo í ag creathnú, seo í ag géilleadh;
Níl mo mháthair anseo le mé a shuaimhniú a thuilleadh
Is ní dhéanfaidh gealladh an phian a mhaolú.

Lament

in memory of my mother

I cried on my mother's breast, cried sore
The day Mollie died, our old pet ewe
Trapped on a rockface up at Beithí.
It was sultry heat, we'd been looking for her,
Sweating and panting, driving sheep back
From the cliff-edge when we saw her attacked
On a ledge far down. Crows and more crows
Were eating at her. We heard the cries
But couldn't get near. She was ripped to death
As we suffered her terrible, wild, last breath
And my child's heart broke. I couldn't be calmed
No matter how much she'd tighten her arms
And gather me close. I just cried on
Till she hushed me at last with a piggyback
And the promise of treats of potato-cake.

To-day it's my language that's in its throes,
The poets' passion, my mothers' fathers'
Mothers' language, abandoned and trapped
On a fatal ledge that we won't attempt.
She's in agony, I can hear her heave
And gasp and struggle as they arrive,
The beaked and ravenous scavengers
Who are never far. Oh if only anger
Came howling wild out of her grief,
If only she'd bare the teeth of her love
And rout the pack. But she's giving in,
She's quivering badly, my mother's gone
And promises now won't ease the pain.

Translated by Seamus Heaney

PART II: OUT IN THE OPEN

One

An Tobar

do Mháire Mhac an tSaoi

"Cuirfidh sé brí ionat agus beatha,"
arsa sean-Bhríd, faghairt ina súile
ag tabhairt babhla fíoruisce chugam
as an tobar is glaine i nGleann an Átha.
Tobar a coinníodh go slachtmhar
ó ghlúin go glúin, oidhreacht
luachmhar an teaghlaigh
cuachta istigh i gclúid foscaidh,
claí cosanta ina thimpeall
leac chumhdaigh ar a bhéal.

Agus mé ag teacht i méadaíocht
anseo i dtús na seascaidí
ní raibh teach sa chomharsanacht
gan a mhacasamhail de thobar,
óir cúis mhaíte ag achan duine
an t-am adaí a fholláine is a fhionnuaire
a choinníodh sé tobar a mhuintire:
ní ligfí sceo air ná smál
is dá mbeadh rian na ruamheirge
le feiceáil ann, le buicéad stáin
dhéanfaí é a thaoscadh ar an bhall
is gach ráithe lena choinneáil folláin
chumhraítí é le haol áithe.

Uisce beo bíogúil, fíoruisce glé
a d'fhoinsigh i dtobar ár dteaghlaigh.
I gcannaí agus i gcrúiscíní
thóg siad é lá i ndiaidh lae
agus nuair a bhíodh íota tarta orthu
i mbrothall an tsamhraidh

28

The Well

for Máire Mhac an tSaoi

It'll set you up for life,
said old Bríd, fire in her eyes,
handing me a bowl of well-water,
the cleanest in all Gleann an Átha
from a well kept by her people's
people, a family heirloom
tucked away in a secluded spot
with a ditch like a moat around it
and a flagstone for a lid.

When I was coming into my own
back in the early sixties here,
there wasn't a house around
without the same sort of well;
everyone was all chuffed then
about how clean and healthy
theirs was kept and wouldn't let
a speck of dust cloud its silver
lining; and if a hint of red-rust
was found, they bailed it out
right away using a tin bucket;
then to keep their well sweet,
freshened it regularly with kiln-lime.

From our family well sprang
bright clear water, full of life.
Any time their throats were parched
by summer's heat, they dipped into it
with tins and crocks, day after day.
It slaked and soothed them in fields
and bogs: a true pick-me-up

thugadh fliuchadh agus fuarú daofa
i bpáirceanna agus i bportaigh.
Deoch íce a bhí ann fosta
a chuir ag preabadaigh iad le haoibhneas
agus mar uisce ionnalta
d'fhreastail ar a gcás ó bhreith go bás.

Ach le fada tá uisce reatha
ag fiaradh chugainn isteach
ó chnoic i bhfad uainn
is i ngach cisteanach
ar dhá thaobh an ghleanna
scairdeann uisce as sconna
uisce lom gan loinnir
a bhfuil blas searbh súlaigh air
is i measc mo dhaoine
tá tobar an fhíoruisce ag dul i ndíchuimhne.

"Is doiligh tobar a aimsiú faoi láthair,"
arsa Bríd, ag líonadh an bhabhla athuair.
"Tá siad folaithe i bhfeagacha agus i bhféar,
tachtaithe ag caileannógach agus cuiscreach,
ach in ainneoin na neamhairde go léir
níor chaill siad a dhath den tseanmhianach.
Aimsigh do thobar féin, a chroí,
óir tá am an anáis romhainn amach:
Caithfear pilleadh arís ar na foinsí."

that set them hop, skip and jumping
for joy, cleansing and serving them
from when they were born until they died.

For a long time now, running water
snakes towards us from distant hills
and in every kitchen, both sides
of the glen, water spits from a tap,
drab lacklustre water that leaves
a bad taste in the mouth while
among my people the real thing
is forgotten about. Bríd once said,
as she filled up another bowl:
It's hard to find a well these days.
They're hidden in bulrushes and grass,
choked by weeds and green scum
but for all the neglect, they've lost
not a drop of their true essence.
Find your own well, my lad,
for the arid times to come.
Everyone must go back to the sources.

Translated by Frank Sewell

Bean an tSléibhe

Bhí féith na feola inti ach fosta féith an ghrinn
agus in ainneoin go raibh sí mantach agus mórmhionnach
ní raibh sí riamh gruama nó grusach linn
nuair a bhíodh sinn thuas aici ar an Domhnach,
is dhéanadh sí splais tae dúinn os cionn na gríosaí,
is í ag cur spleoid ar seo, is spréadh ar siúd go teasaí.

Is ba mhinic í ag gearán fán *tseanbhugger* de *ghauger*
a ghearr siar í sa phinsean is a d'fhág í ar an bheagán
cionn is go raibh bó i mbéal beirthe aici sa bhóitheach
cúpla bearach ar féarach agus dornán caorach
agus í ag trácht ar an eachtra deireadh sí go feargach:
"Sa tír seo tugtar na *crusts* is cruaidhe don té atá mantach."

Is chuidíodh muid léi i dtólamh ar an Domhnach
aoileach na seachtaine a chartadh as an bhóitheach,
is nuair a bhíodh muid ag déanamh faillí inár ngnaithe,
ag bobaireacht ar chúl a cinn is ag broimnigh,
deireadh sí, "Á cuirigí séip oraibh féin a chailleacha,
ní leasóidh broim an talamh san earrach."

"Bhfuil *jizz* ar bith ionaibh, a bhuachaillí?" a deireadh sí
nuair a bhíodh leisc orainn easaontú lena tuairimí.
"Oró tá sibh chomh bómánta le huain óga an earraigh,
ach sin an rud atá na sagairt is na TDs a iarraidh,
is nuair a thiocfas sibhse i méadaíocht, a bhuachaillí,
ní bheidh moill ar bith orthu sibh a thiomáint mar chaoirigh."

Mountain Woman

She was fleshy but funny, and though
she swore through the gaps in her teeth,
she was never gruff or gloomy with us
when we called round on Sundays
for a *splash* of tea made over the fire
as she darn-blasted this, that and the other.

She'd give off about the *bugger of an inspector*
who cut her pension down to even less
just 'cos she'd a cow in the byre near calving,
a few heifers and a clatter of sheep.
Of this affront, she'd say, *In this country,*
if you've no teeth, you get the hardest crusts.

We always helped her out on Sundays,
clearing a week-load of dung from the byre
and when we took our time about our work,
messing about and letting off behind her back,
she'd say, *'c'mon, lads, put a step on it,*
Farting's no good for the soil in Spring.

Have you any jizz in you at all, boys?,
she'd say when we ducked a dispute with her.
Aah, you're as daft as them spring lambs,
just the way the priests and politicians want you
and when you are big enough, lads,
they'll have no trouble herding you like sheep.

Chothaigh sí í féin ansiúd mar a dhéanfadh crann
ag feo is ag fás de réir an tséasúir a bhí ann.
"Ní ag aoisiú atá mé," a deireadh sí "ach ag apú,"
is mar shíolta thitfeadh a briathra in úir mhéith m'aigne
is nuair a shnaidhmeadh sí a géaga thart orm go teann
mhothaínn an gheir – fáinní fáis a colainne.

"Níl crann sna flaithis níos airde ná Crann na Foighde",
a deireadh sí agus í ag foighneamh go fulangach leis an bhás
a bhí ag lomadh agus ag creachadh a géaga gan spás.
Anois cuirim Aifreann lena hanam ó am go ham i gcuimhne
ar an toradh a bhronn sí orm ó Chrann na hAithne
agus mar a déarfadh sí féin dá mbeadh sí ina beathaidh,

"Is fearr cogar sa chúirt ná scread ar an tsliabh, a thaiscidh."

She stood her ground like an old tree,
growing or drooping depending on the season.
I'm not ageing, she'd say, *but ripening.*
Her words fell like seeds on my young mind
and when she'd wrap her arms tight around me,
I felt her breadth – the growth-rings of her body.

The highest tree in heaven is Patience,
she said, bravely bearing up to death
as it hurt and hacked her limbs relentlessly.
Sometimes I have a Mass said in memory
of the fruit she gave me from the tree of knowledge.
As she herself would say if she were around:

A quiet word in court beats ranting on a mountain.

Translated by Frank Sewell

Cré na Cuimhne

Agus ach gurb é gur chan mé thú i mo dhán, a dhuine,
rachaidh d'ainm i ndíchuimhne...

1.

Amuigh ansiúd i mbéal an uaignis
ag leanstan lorg a shinsear go dílis;

Ag dreasú caorach, ag beathú eallaigh,
ag mairstean go dtiocfadh an bás.

Mar mhadadh ag cur cár i gcaoirigh
is iomaí mairg a bhain an saol as

Ach bhí sé i dtólamh suáilceach, lán de chroí,
"is beag ár sáith agus is gairid ár seal

Agus níl a dhath is deise na gáire geal",
a deireadh sé, mé 'mo shuí ag baint taitnimh

As an eatramh ghréine a thigeadh ina aghaidh
idir ceathaideacha pislíneacha a chuid cainte;

Stothóg fionnaidh ag gobadh as a léinidh
chomh liath le broc ag gabháil i dtalamh;

Boladh nádúrtha a cholainne chomh teolaí
leis an easair úrluachra a leagadh sé gach lá

Ar urlár an bhóithigh. "Tchí Dia, cha dtig leis na ba
ach oiread linn féin luí ar an leac liom."

The Clay of Memory

I will sing of you in poetry,
so your name won't be forgotten

1.

I'd find him out there, in the mouth of loneliness,
loyally walking the path of his ancestors.

Driving sheep and raising cattle,
surviving until death came.

Life savaged him with troubles,
just as a dog sinks his teeth into a sheep,

but he was always hearty company
with his homely turn of phrase;

We've little time; little does us,
and a smile doesn't cost a blooming thing.

A summer spell would cross his face
between the spittle showers of his words.

From his grandfather-shirt sprang a matted tuft
as grey as the badger hoking in the clay.

He had a natural body smell, earthy
like the fresh bed of rushes he scattered

on the byre floor. *God knows, we'd hardly lie*
on bare flagstones, so why should my calves?

2.

Mar thréadaí, bhí aithne cinn aige ar na caoirigh
agus iad ainmnithe go cruinn aige as a dtréithe;

"Raimsce na Coise Duibhe, Peata Abhainn an Mhadaidh
Bradaí an Leicinn Bháin agus Smiogadán na hAitinne",

Ainmneacha a sciorr as altán a bhéil chomh héadrom
le héanacha an tsléibhe ag éirí as dos agus tom.

"Na bí lom leis na caoirigh is cha bhíonn na caoirigh
lom leat", a deireadh sé liom i dtús an gheimhridh

Agus é ag tabhairt ithe na glaise daofa ar na híochtair
nuair a bhíodh an t-iníor feoite ar na huachtair.

3.

Bhí sé i gcónaí deaslámhach i mbun a ghnaithe, díreach
agus néata. Agus cocaí na gcomharsan cam agus ciotach

Shín a chuidsean i línte ordúla chomh teann le dorú.
Bheartaigh sé a chuid cróigeán ar bhlár an chaoráin

Amhail is dá mba clár fichille a bhíothas a shocrú.
Bhí a charabhat Domhnaigh chomh righin le bata draighin.

Agus é ag tabhairt bheairdí ar seo, bheairdí ar siúd,
tharraingeodh sé go haicseanta as cruach na cuimhne

2.

This herdsman knew every single animal,
had a knick-name for each one;

White-cheeked Scoundrel, Black-footed Rascal,
The River's Pet and Big-chin of the Furze.

Names rolled swiftly over the hummock of his mouth
like a shock of curlews rising out of whin-bushes.

Reading the signs of winter, he once told me;
Treat the sheep sparsely and wool will be sparse.

So he let them graze on the lower paddocks
when the upper pasture was a shorn wasteland.

3.

He was a skilled craftsman, could create
the perfect haycock; where others' looked tipsy,

his rows were as taut as a fisherman's line.
Turf was poised on the bog's plain

as if arranged on a huge chessboard.
His Sunday tie starch-stiff as a hawthorn stick.

He tut-tutted over it all,
as he raked back through the rick of memory

Scéalta comh cumtha ceapaithe le sopóg chocháin;
Ó shin tá me á muirliú is á n-athchognadh i m'aigne.

4.

Dálta na sreinge deilgní a bhí timpeall a gharraidh
bhí a chuid orthaí cosanta á chrioslú i gcónaí:

Bratóg Bhríde agus Créafóg Ghartán fuaite i gcoim a bhrístí
lena chuid bheag den tsaol a chosaint go colgach

Ó bhaol agus ó bhradaíocht na dúchinniúna,
a dhéanfadh foghail, ach seans a fháil, ar cheapóg a bheatha.

Ach in ainneoin a dhíchill dhéanfaí slad air go tobann:
chaillfí bó leis i ndíog; d'fhágfaí é gan phingin, gan bonn

An t-am a dtáinig na tincléirí chun an tí is é ar Aifreann
agus d'imigh lena raibh ann. Le gaoth shéidfí a chuid stucaí
as cuibhreann

Isteach i gcuid na comharsan, fear nár bheannaigh dó le blianta.
Ach sháraigh sé gach lom, gach leatrom, lena gháire mór cineálta

A d'éirigh ar íor a shúl is a spréigh anuas go so-lasta
thar leargacha a leicne, á n-aoibhniú le gnaoi;

Agus nuair a d'fhiafróchainn dó caidé mar a bhí rudaí
deireadh sé, "buíochas le Dia, tá mé ag mún, ag cac is ag
feadalaigh".

to form the perfect bales of stories
that still keep me in fodder.

    4.

He surrounded his holdings with barbed wire,
surrounded himself with protective charms.

Sewed Brátog Bhríde in his waistband, Gartan Clay
in his pockets; hoped to guard the little he owned

from the leer of misfortune's black eyes
as it waited to pounce on his livelihood.

Despite his best, disasters struck in rapid fire.
A cow fell into a ditch; tumbling him into poverty.

Blackguards ransacked his home during Lenten mass.
A gale lifted his corn stooks,

landed them in a hostile neighbour's field.
But he took it all in his stride with a smile

that started as a twinkle and spilled out
over his weather worn cheeks.

When I'd ask him, *how's things?*,
he'd say, *Sure I'm pissing, shitting and whistling.*

5.

Má tháinig taom teasbhaigh air ariamh
ina leabaidh aonair nó in uaigneas na gcuibhreann

A dhrúisigh an croí ina chliabh
is a rinne reithe geimhridh den fhear ann

Char chuala mé faoi. Bhí sé faiteach le mná
is cha n-úsáideodh sé an focal "grá"

Go brách ach oiread is a chaithfeadh sé a lámha
thart ar fhear eile i mbráithreachas;

Is má shlíoc sé a dhath níos sochmaí
ná droim madaidh agus é ag bánaí leis cois teallaigh;

Is má chuaigh sé gabhalscartha ar a dhath níos boige
ná ceathrúna loma caorach agus iad á lomadh aige

Bheadh iontas orm. An síol a scaip sé lá dá shaol
chan ar ithir mhéith mná a thit sé

Ach ar dhomasach dubh an tsléibhe a dhiúl
sú na hóige as a chnámha gan a dhúil a shásamh...

5.

When in an empty field, or in his single bed,
if a fit of longing came over him,

eating at his heart with the hunger
of a winter wearied ram,

I never knew. He was shy with women
and never said the word *love*.

Never. Never threw his arms around
the shoulders of a man in friendship.

I'd be stunned, if he'd stroked anything softer
than a dog's coat as he sat by the hearth;

or moved astride anything warmer
than a sheep's flanks as he sheared her wool.

Whatever seeds he sowed through his life,
none fell on a woman's fertile soil

but on the black loam of the mountain
that leeched youth from his blood and left him alone.

6.

"Tá mé anseo ag caitheamh an tsaoil
is an saol ár gcaitheamh is baol",

A dúirt sé liom ar mo chuairt dheireanach;
stamhladh gaoithe ó Mham an tSeantí

Ag tógáil luaithe ar fud na cisteanadh;
é rite as anáil, a chnámha ag scamhadh.

Lá béalcheathach amach san Earrach
é sínte i gcónair agus muid á fhaire;

E sínte amach chomh díreach le feagh
i gculaith Dhomhnaigh is a ghnúis mar leanbh;

Dúirt bean dá ghaolta agus í á chaoineadh
"bhí a bheo chomh díreach lena mharbh."

7.

Féach anois mé ag sléachtadh anseo roimh leathanach
atá chomh bán leis an línéadach a leagadh sé amach

Do theacht an tsagairt agus ar an altóir bhocht thuatach seo
ceiliúraim le glóir an bhriathair a bheatha gan gleo

Is cé nach mbeidh béal feara Éireann á mhóradh go deo
i gcré seo na cuimhne coinneochaidh mé glaine a mhéine beo.

6.

Here I am, just wasting time,
and all the while time's wasting me

he said, when I last dropped in to see him.
The wind blustered from Mhám an tSeantí

rising ash-dust throughout his kitchen.
He was breathless, failed to the bone.

I went back, on a showery day in Spring,
to file past his waked coffin.

He had the look of a child in his tweed suit,
as he lay, straight as a rush.

His cousin touched him, said with a smile-cry;
He was as straight in life as he is in death.

7.

Here I am now, humbled before this page;
it's white as the linen he laid out

for the priest's visit. Now on this crude altar
I proclaim with the glory of the word; he was a good man.

Although the men of Ireland won't salute his worth,
I hold him in the clay of memory, preserve his spirit.

Translated by Denise Blake

Briathra agus Bráithre

"Is bráithre muid go léir,"
arsa an manach le m'athair
ach nuair a thrasnaíos
an cur i gcéill go groí
le "macasamhail Cháin is Aibéil"
chreathnaíos. Bhí miodóga
marfach na súl
sáite ionam go croí.

Brotherly Words

We're all brothers,
said the monk to my father.
But when I cut through
his bull with *Yeah,*
like Cain and Abel,
I near shit. The hook
in his eyes cut me
to the quick.

Translated by Frank Sewell

Cuisle an Chaoráin

Ag siúl i ndiamhra an tsléibhe
thiar i dtreo na Beithí;
gan ceo ná beo ar a amharc ná ar a éisteacht
go dtí gur mhothaigh sé
i dtobainne, agus é ag trasnú
Abhainn Mhín a' Mhadaidh, mar a bheadh rud inteacht
ag borradh i mbéal a chléibhe.

Bhí sé i bhfianaise na Bé
ach ní i riochtaibh físe
ach mar a mhothaíonn madaidh áit uasal;
sin mar a mhothaigh sé
an Bhé lena thaobh
is teanntaíodh a aghaidh faoi mar ghearrfaí as criostal í,
cuireadh ciall ar saobh,

Is le gach spléachadh, bhí
an sliabh ag éirí suaithní.
Os ard bhí aoibh ghorm na spéire
ag drithliú le gáirí;
is earca luachra na báistí
ag sní a bhfionnuaire i dtriopaill a ghruaige
chomh saonta le páistí.

Bhí gach fuaim binnbhéalach,
bhí an ciúnas beo beitheach.
Mar bhogha ag port-thíriú fochaisí téad
d'éirigh as duibheagáin dhubha
a aigne, ceol lúth a ghutha,
a d'iompair ar shiúl é ar séad
go tír éigriochta na hÉigse.

Mountain Pulse

Walking in the majesty of the mountains
over towards Beithí,
not a hide nor hair of anyone
in sight or earshot, he suddenly felt
as he crossed Abhainn Mhín a' Mhadaidh,
as if something swelled in the pit of his stomach.

He was in the company of the Muse,
not in the form of a vision
but the way a dog knows a sacred place;
that's how he knew
the Muse was near him,
then his face set like it was crystal
and reason was side-tracked.

With every glance,
the mountain turned magical.
The blue-faced sky
laughed out loud
and dashing newts of rain ran
cool and fresh through the curls in his hair,
innocent as babies.

Every sound was sweet-mouthed,
the silence teeming with life.
Then, like a bow steering over coral strings,
the lilting music of his voice
rose from the mind's abyss
and carried him away
to unwalled Parnassus.

Chrom sé agus phóg sé
plobar úscach an tsléibhe-
cíocha silteacha Bhríde, bandia na gcríoch, Bé:
deoch a bhí lena mhian;
lán de mhilseacht aduain,
a mheiscigh is a mhearaigh é gur mhothaigh sé
an croí beag ina chliabh,

ag craobhú agus ag síneadh,
ag leathnú amach
go meanmnach míorúilteach; ag lonnú sa tsliabh
agus a thaobhú mar chliabh.
Anois nuair a labhrann sé amach
i bhfilíocht, labhrann, mar nár labhair ariamh,
go macnasach, mórchroíoch ...

as croí an tsléibhe ...

He bent and kissed the wet neck
of the mountain, the weeping breasts
of Bríd, mountain-goddess, Muse;
a drink to his taste,
filled with a strange sweetness
that turned him on and on until he felt
the little heart in his breast

rippling and reaching,
spreading out
boldly and miraculously, clinging
to the mountain, flesh to flesh.
Now when he speaks out
in poetry, he speaks, as never before,
wildly, whole-heartedly ...

from the heart of the mountain ...

Translated by Frank Sewell

Taispeánadh

i gcead do Vicente Aleixandre

Thug sé saol fada fuinneamhach leis
ach bhí an aois ina luí go trom air anois
is a choiscéim ag gabháil chun righnis.
Sheasadh sé ansiúd, a dhroim le stoc an tseanchrainn
ag ceann an bhealaigh, tráthnóntaí caomha samhraidh
is an ghrian ag gabháil síos fánaidh Thaobh an Leithid.
Amanta agus mé ag gabháil thairis
tchínn anonn uaim é ó dhronn an droichid
roicneacha tiubha ina ghnúis
is na súile slogtha siar ina cheann;
seanfhear críonna críonaosta
a raibh a chuid fola ag fuarú,
a thaca leis an tseanchrann teann;
is tchínn an ghrian ag teasú chuige go ciúin
ag tuirlingt ina thuilidh solais ag a chosa;
an ghrian uilechumhachtach,
a leannán rúin as na spéartha;
tchínn í á mhuirniú is á bháthadh
á mhaisiú is á mhúchadh
á leá den tsaol
á chumascadh lena solasbheatha féin,
agus tchínn an seanduine ag imeacht
lena chuid roicneacha is le leatrom na haoise;
tchínn é ag imeacht as raon mo radhairc
cosúil le carraig á creimeadh i dtuilidh sléibhe;
á mionú is á meilt;
á géilleadh féin do thabhairt an tsrutha;
agus sa chiúnas adaí
tchínn an seanduine ag gabháil ar ceal,
ag géilleadh a nádúir is a dhílseachtaí
dá Dhianghrá.

52

Revelation

after Vicente Aleixandre

He'd a long active life
but now he was slowing down
and age catching up with him.
He'd stand there, his back
to the old tree, on mild afternoons
in summer, the sun hitting
the ridge down Taobh an Leithid.
Sometimes, going by, I'd see him
past the hump-backed bridge,
face scrunched up, eyes
sunk in, a wise wizened old man,
his blood icing over, kept
on his feet by the firm old tree.
I'd see the sun quietly warming
to him, landing in majesty
at his feet in a tide, his secret
lover from the sky. I'd see her
caress, immerse, lick and quench,
dissolving him into her own lifelight.
I'd see the old man, with his wrinkles
and slights, fade slowly from view
like a rock gnawed by the sea,
crumbled and crushed, surrendering
to the current; and in that quiet,
I'd see the old man eloping,
giving his essence and elements
to his true love.

Other times, going by,
all I had was a post-impression
of a washed-up relic

Ach amanta agus mé ag gabháil thairis
cha raibh le feiceáil agam ach iarsma beag fann,
go díreach mar bheadh snáithín solais ann;
(taispeánadh a tugadh faoin chrann
dálta go leor rudaí eile a chuirtear i bhfís ar dhuine)
i ndiaidh don tseanduine gheanúil
téarnamh ar shiúl leis an ghrian;
i ndiaidh don tseanduine gan smál
imeacht ina ghile is ina ghlaine.

spooled in by the light;
of something given under the tree
(like many another revelation),
since the fond old man slipped
away with the sun, that innocent
old man who fell for the clear light.

Translated by Frank Sewell

Jericho

Shantaigh sé lena chuimhne
neamhspléachas an aonaráin,
duine nach mbeadh faoi ghéillsine
ag geallúintí an leannáin.

Ach bhí an grá ag síorbhagairt
is thóg sé mar chosaint thart
ar gharbhchríocha an aonarachais
ballaí dochta an tsearbhadais.

Is chosain sé go colgach
poblacht an phríobháideachais
is fágadh saor é agus uaibhreach
i stát sceirdiúil an uaignis.

Go dtí gur thimpeallaigh sise é
le diamhrachtaí a scéimhe
is nuair a shéid sí adharca a hacmhainní
bac ar bhac réab ballaí roimpi go réidh.

Jericho

As long as he could remember, he sought
the independence of the solo artist,
the chance to be someone under no
obligation to any lover's tryst.

But love was always beckoning him
and so he built as a circumference
for solitude's granite heights
staunch thick walls of bitterness.

Fiercely defending his private statelet
from the siege, he was left free
and proud in the bleak province of loneliness
until she surrounded with strange beauty

and music, driving him up the walls.
Now, block by block, they give, and fall.

Translated by Frank Sewell

Umhlaigh

Taosc as d'aigne anois
slodán seo an spadántais.
Ní tairbheach d'éinne a bheith ina chodlatán.
Géaraigh do shúile i gceart
is tchífidh tú thart ort
torcalltacht an tsléibhe a tíríodh
le riastaí seisrí.
Dúthracht seo an ghaiscígh
a dheonaigh do do shinsear fómhar i gcónaí.
Seo d'oidhreacht, a rún;
taisce órallais na nglún
i ngoirt chlaístóinsithe Mhín an Leá.
Na séan an dúchas sinseartha.
Is páirt díot a ngníomhartha
faoi mar is cuid de mhaol-lann d'achainne
an fuinneamh faobhrach
a d'fhág iadsan géarchúiseach.
Umhlaigh do chrédhúil d'athartha,
oibrigh go dúthrachtach
ithir seo d'oidhreachta.
Foilseoidh an fómhar do shaothar go hiomlán.
Beidh gach gort ina dhán.

Submit

Rid your mind of this trickling apathy.
A sleepy head's no good to anybody.
Open your eyes and look around
at the boar-mountain tamed by the plough.
This labour of love earned your kind
a harvest each year. Now it's your birthright,
a gift turned to gold by generations
of good Mín a' Leá neighbours with sturdy fences.
Don't shun your ancestors' customs, they're part
of you the way your blunted talent
sheathes the swift blade made them so sharp.
Bend like your fathers' fathers to land-worship
and work like you were born to this heirloom.
The harvest will be yours: every field a poem.

Translated by Frank Sewell

Coirnéal na Sráide

Tráthnóna samhraidh agus sinn inár bpáistí
chruinnímis le chéile inár mbaiclí
thart timpeall an chuaille teileagraif
atá taobh le siopa an phoitigéara
ar Choirnéal Uí Cheallaigh ar na Croisbhealaí
le cuideachta a dhéanamh agus comhrá
sula dtéimis isteach chuig na pioctúiri.

Bhíodh an cuaille ag ceol go caointeach.
Amanta chuireadh mac an mheisceora,
deora ina shúile is é ag amharc go santach
ar na cógaisí leighis i bhfuinneog an phoitigéara,
a chluas leis an chrann is deireadh go brónach
gurbh í a dheirfiúr bheag féin
a bhí istigh sa chuaille sin ag éagaoin.

Sin breis agus fiche bliain ó shin anois
is tá na páistí sin uilig i mbun a bhfáis
is a gcuid páistí féin ag éirí aníos,
is ní bhíonn éinne ag coirnéal na sráide,
tráthnóna, ach mise is an cuaille teileagraif
is bímid beirt ag caoineadh go cráite
is ní leigheas poitigéara a bhéarfaidh faoiseamh.

Corner Boys

On summer afternoons when we were kids
we used to gang about the telegraph pole
next to the chemist's at Kelly's corner on the cross-
roads for crack and company before the pictures.

The pole always sounded sad and sometimes
the drinker's son would cry looking at the medicines
in the chemist's. He'd put his ear to the wood,
saying it was his sister in there, hurting.

That's more than twenty years ago and all
those kids have great big kids of their own now.
No-one stands at the corner but me and the pole
looking at each other. The chemist is no help.

Translated by Frank Sewell

Duine Corr

i gcead do Nebojsa Vasovic

Oíche Shathairn agus mé ag baint sú
as mo chuideachta féin, mar is gnáth,
anseo cois tineadh i Mín a' Leá-
is breá liom an t-uaigneas seo,
(cé acu i dtrátha nó in antráth)
a bheir cothú don chiúnas.

Ach cha cheadaítear domh
a bheith liom féin ar feadh i bhfad.
Scairteann cairde orm ar ball
a rá go bhfuil siad ar bís
le gníomh a dhéanamh láithreach.
Tá siad ag féachaint ar an teilifís:
cráite ag an ár agus an mharfach
atá ag gabháil ar aghaidh, thall,
i mBosnia agus i Serbia.

Chan fhuil barúil ar bith agam, faraor,
fá Bhosnia ná fá Serbia;
cé atá ciontach nó cé atá saor
nó cé hiad na treibheanna
atá ag troid is ag treascairt a chéile sa tír.
Ach le bheith fíor agus i ndáiríre
dá mbeadh an t-eolas seo agam go beacht
cha bheadh an t-am nó an taithí
nó rud is tábhachtaí, an neart
ionam, le haon chuid den mheascán mearaí seo
a réiteach is a chur ina cheart.

Odd Man Out

after Nebojsa Vasovic

Saturday night, lapping up
my own company as usual,
here by the fire in Mín a' Leá,
I really enjoy the solitude
(hail, rain or shine);
it adds to the calmness.

But I'm not allowed
to be on my own for long.
Friends call me in no time
to tell me they are dying
to do something right away.
They're watching tv: tormented
by the murder and slaughter
going on over there
in Bosnia and Serbia.

I haven't a clue, I'm afraid,
about Bosnia or Serbia;
who's to blame and who's not
or who the tribes are,
clubbing each other into the ground.
But really and truly,
if I knew this information inside out
I wouldn't have the time, know-how,
or what's even more important, the power
to solve or put right any of this madness.

Níl aon ní is mó a theastaíonn uaim
ná fad saoil le suí anseo liom féin
i bhfad ó bhearna an bhaoil,
cois tineadh i Mín a' Leá
ag léamh is ag ól tae
is ag machnamh go teacht an lae
ar dhuanaire de dhánta Zen
ón tSeapáin is ón tSín.

Nuair a thiocfas cogadh chun cinn
sa tSeapáin nó sa tSín
lá is faide anonn
beidh mé anseo liom féin
mar is gnách
cois tineadh i Mín a' Leá.
Dhéanfaidh mé cupán tae
agus diaidh ar ndiaidh
léifidh mé le fonn
bailiúchán de dhánta grá
ó Bhosnia is ó Serbia.

All I want is to spend
my life sitting here on my own,
staying the hell-out-of-it
by the hearth in Mín a' Leá,
reading, drinking tea
and musing till dawn
on a book of Zen poems
from Japan and China.

And when war comes about
in Japan or China
further down the line,
I'll be here on my own
same as usual,
by the hearth in Mín a' Leá.
I'll make a cup of tea
and fervently read,
one by one,
a collection of love poems
from Bosnia and Serbia.

Translated by Frank Sewell

PART II: OUT IN THE OPEN

Two

Gort na gCnámh

do Art Hughes

1.

'Tá sé ag gabháil ó sholas, a ghirsigh,' a dúirt sé go gairgeach
　　ar ball
amhail is dá bhféadfainnse cúl a choinneáil ar dhlúthú
　　na hoíche.
A Dhia na Glóire, dá dtuigfeadh an dúlamán doicheallach
　　sin thall
leath dá ndeir sé! Ach bhí m'athair ariamh dúranta agus dall,
an beathach brúidiúil! Istigh anseo ionamsa, i m'anam is
　　i m'aigne tá sé ag gabháil ó sholas
le mo chuimhne. Seo anois mé ag leanstan lorg a spáide de
　　choiscéim mhall
smug le mo shoc, scifleogach, ag piocadh preátaí faoi lom
　　na gaoithe
agus eisean ag briseadh chraiceann tiubh na hithreach ar nós
　　na réidhe
ag brú chun tosaigh go tíoránta, ag foscladh roimhe agus
　　ina dhiaidh.
Amuigh anseo ar an lom, gan foscadh ón ghaoth nó díon ón
　　fhearthainn,
ag giollaíocht an ghoirt seo, ag déanamh neamairt ionam
　　féin lena linn.
Is iomaí lá de mo chuid allais ag an áit ainniseach seo, á leasú
　　is á saibhriú;
is iomaí deoir ghoirt atá caointe anseo agam ach cha dtig
　　a thart a shásamh.

The Field of Bones

for Art Hughes

1.

Girl, the light is fading, he barks
     out of nowhere,
as if I had the slightest control
     over the night.
Oh, Christ, if that churlish fool
     only understood
half of what he said. My father, the thran
     brutal bastard.
I'm trailing the track of his spade
     with heavy steps;
a snivelling, tattered mess. Hoking out spuds
     in a savage wind.
Was I always like this? My memories
     are tainted, putrid.
He breaks the soil's thick skin
     with ease,
presses on stubbornly. Digging ahead of him,
     all turned behind him.
Such an unforgiving place, without shelter
     from gales or storms.
I sacrificed myself to this earth;
     my sweat softened the clay,
the tears made it fertile
     and still it demands more.

2.

Anseo a chaill mé mo bhláth; anseo i nGort na gCnámh a
  cuireadh mo dhóchas
i dtalamh. 'Tá cnámh mhaith sa talamh seo,' a deireadh seisean
  i dtólamh
agus é ag spíonadh na créafóige go santach idir a mhéara
  crúbacha.
As sin a d'ainmnigh mise domasach dhubh dheileoir seo an
  dóláis
gan ionam ach slip bheag girsí. Gort na gCnámh! B'fhíor domh
  go beacht.
Thug mé a raibh agam dó, mo chuid fola is mo chuid feola,
  mo bhabaí bocht.
Anois tá mé creachta. Tá mínte méithe m'aigne imithe i
  bhfiántas agus i bhfiailí.
Tchítear domh agus mé ag féachaint orm féin go bhfuil mé
  chomh garbhghéagach,
chomh tuartha le cailleach ghiúise i bportaigh riabhacha
  an gheimhridh.
Agus anuas ar an mhíghnaoi seo go síor, de lá agus d'oíche,
  ina thromluí
tá dorchadas díobhálach an éadóchais ag titim gan trócaire,
  gan traochadh.
Dorchadas atá níos míle measa, níos míle dlúithe ná
  an dorchadas a dhruideas
chugainn le teacht na hoíche ina thulcaí tiubha ó lomchnoic
  dhubha na Ceathrúna.

2.

I lost it all, here, in the Field of Bones.
        My hope was buried
in this earth. He always said, *There's good bone
        in this ground,*
as he rubbed the soil with the claws
        of the Devil.
The Field of Bones- I named this awful
        bog-land
when only a slip of a girl. Wasn't I right?
I gave it my flesh. I gave it my blood.
        I gave it my baby.
Now I'm destroyed. The prospective plains
        of my mind
have turned to a weed tangled wilderness.
I carry the shape of an old hag
        or a stump of dried bog-wood
in the frozen wastelands of winter.
        I am ugly.
Depression nightmares me
through the daylight, through the twilight,
        in eternal shadows.
Darkness a thousand times worse,
a thousand times denser,
        than the blackness
of the final floods from the barren hills
        of Keeldrum.

3.

Eisean a rinne an éagóir. Eisean a tháinig idir mé agus suan
   séimh na hoíche;
idir mé, b'fhéidir agus coimirce Dé, cé gur réidh mo spéis
   sna déithe.
Cha raibh mé ach trí bliana déag nuair a réab sé geasa an
   teaghlaigh
is léim isteach i mo leabaidh. Oíche i dtús an earraigh a bhí ann,
   sé seachtainí
i ndiaidh bhás mo mháthara. (An créatúr gan choir, cha raibh sí
   in araíocht ag an tsaol
a leagadh amach dithe. 'Cuirfidh mise geall go ndéanfaidh mé
   an cailín Domhnaigh
a dhreasú asat, a chlaitseach gan úsáid' adeireadh sé léithe,
   ag ardú a láimhe
is á greadadh timpeall an tí Eisean lena chuid ainíde a bhris
   a croí
is a d'fhág reaite, meaite, croite í sa chruth is nach raibh inti
   ach balbhán gan bhrí.
Créachta, mar dhea, a sciob chun na cille í sa deireadh is gan í
   ach anonn sna daichidí.
Ansin fágadh an péire againn i mbun an tí. Mise an t-aon
   toradh a bhí ar a bpósadh.)
Shleamhnaigh sé chugam faoi choim na hoíche is gan tuinte
   air. 'Dheaidí, Dheaidí, caidé atá tú 'dhéanamh'?
Stiall sé mo ghúna beag gorm glan ó mo chorp agus mé leath
   'mo chodladh.

3.

It was his sin. He came between me
        and night's sweet sleep;
between me and God's mercy – if I ever believed
        in God's mercy.
I was only thirteen when he shattered
        his duty of care
and jumped into my bed. A night in early spring
        just six weeks
after my Mother's passing. But, I tell you,
she has no fault, the creatur hadn't the strength
        for her life.
I'll knock the Sunday girl out of you,
        you useless whore;
as he lifted his fist, knocked her through the house.
        He crushed her heart.
Turned her into a shambling mute.
        Consumption – how are you –
sent her to the grave in her forties.
        We were left,
himself and myself, in a cold stone cottage,
        for I was their only child.
He slithered towards me under the cover of night.
        Greasy, naked flesh.
Daddy, what are you doing? Daddy?
        I was half-asleep
as he tore my blue flowered nightdress off me.

4.

Ansin bhí sé 'mo mhullach, ag slóbairt is ag slogaireacht,
    ag cnágáil is ag cuachadh,
fionnadh fiáin a bhrollaigh i bhfostú i mo bhéal agus é sáite
    ionam, ag rúscadh
mo bhoilg, mo ghearradh is mo ghortú lena rúta righin
    reamhar go bhfuair sé a shásamh.
Amach leis ansin agus mise, gach scread chráite chaointe agam,
    caite 'mo stolp ar an leabaidh
ag stánadh ar na réaltógaí is iad ag spréachadh mar choinnle
    coisricthe i dtigh tórraidh.
Agus thigeadh sé orm, chan amháin san oíche ach i lár an lae
    a bhod ag broidearnaigh ina bhrístí
agus mar a dhéanfá le sac preátaí, d'iompraíodh sé leis chun
    an sciobóil mé nó chun an bhóithigh.
Spréadh sé ansiúd sa raithneach mé faoi scáth an chlaí,
    agus anseo ar an lom i nGort na gCnámh
scaip sé a chuid síl i gcréafóg mo bhroinne. Bhí mé go hiomlán
    faoina lámh.
In aois mo sheacht mbliana déag bhí mé ag iompar linbh
    a gineadh go mallachtach;
m'athair an t-athair is cha ligfeadh an náire domh an scéal
    a sceitheadh.
Cha raibh fhios ag na comharsanaí nach ag titim chun méachain
    bhí mé. Bhí
nádúr na feola ariamh i mbunadh mo mháthara agus cha dtearn
    mise iad ní b'eolaí.

4.

Then he was on top of me like an old hound,
    slobbering and pawing.
Mangy chest hairs stuck in my mouth.
    He jammed into me,
ripping my insides with his thick runt
    until he howled.
He pulled away. I lay heaped.
    Too frightened to cry.
Stared out at the stars sparkling
    as the candles at my Mother's wake.
And so he came at me, at any hour.
    Horror throbbing in his breeches.
He carried me off like a sack of spuds
    to the manure filled byre;
or pinned me there, by the bramble hedge,
    or here, in the Field of Bones.
Scattered his seed in the clay of my womb.
    I was his hostage.
At seventeen I was carrying a child
    conceived by a curse,
and shame wouldn't tell my tale.
Did the townies think my sudden weight,
was me following my people's plump nature
    – or did they take any heed?

5.

Oíche i ndeireadh an fhómhair a bhí ann agus mé i mbéal
    beirthe;
anuas liom anseo le mo leanbh a shaolú, gan d'fháiltiú
    roimhe
ach stamhladh gaoithe ag séideadh ó chúl na
    Malacha Duibhe.
Anseo a rugadh mo bhabaí, gan de bhean ghlúine ach seanbhitseach
    mhadaidh
a ligh is a dhiúl mo chuid fola is a d'ailp siar salachar na breithe.
Agus na réaltóga ag dó is ag deargadh mar chocaí cocháin
    ar thinidh
i gconlaigh ghlas fhuar na spéire, rinne mise fómhar beag mo
    bhroinne
a mhúchadh le mo mhéara marfóra is dá mbeadh gan smid teanga
i mo cheann cha choinneofaí cúl ar an scread a fáisceadh
    asam i dtobainne
nuair a sháigh mé i bpoll é, san úir úrlom, anseo idir claí agus clasaidh
Agus d'fhan mé anseo mar nach raibh mé ábalta m'aghaidh
    a thabhairt orm féin
chan amháin ar an tsaol. Cha raibh romham ach lom
    agus leatrom an léin,
ag síneadh chun na síoraíochta chomh slogthach le poill bháite
    an tSeascainn.

5.

By the end of autumn, caught in the waves
    of labour.
I came here to give birth,
    to a child with no welcome
as the wind screeched over Maladuff.
    I had a daughter.
My mid-wife was an old dog bitch,
who lapped up my blood, chewed on afterbirth.
    And while stars burned,
reddened like hayricks blazing on the sky's
shorn pastures. I held the tiny harvest
    of my womb.
    Held her safe.
Before my murderous fingers finished her.
Nothing could strangle the scream
    I gave to that night.
I buried her there, in the soil between a hawthorn
    and the granite stones.
I stayed here. How could I bear the world,
    if I couldn't bear myself?
Nothing faced me but savage grief,
forever bogged in the quagmire of Seasceann.

6.

Agus cá háit a rachainn, mise nach raibh níos faide ó bhaile
    ná Leitir Ceanainn.
Cha raibh sé de mhisneach nó d'acmhainn agam imeacht liom
    i mbéal mo chinn
is gan a dhath ar chúl mo láimhe. Ba chuma cá rachainn
    bheinn i ngéibheann.
Bhí soilse mo shaoil curtha as is eochair an dóchais caillte
    sna dreasóga.
Anois tá cúig bliana fichead de bheith ar báiní le mearadh nó
    marbh le taomanna lagbhrí
curtha díom agam; cúig bliana fichead de bheith ag siabadh
    gan treoir nó sínte gan treo.
Cha dtáinig scafaire breá de chuid an tsléibhe ariamh le mé
    a bhréagadh
is char luaidheadh mé le fear cothrom céillí a dhéanfadh mé
    a shaoradh
ó láthair seo an áir. Ach bhagair mé eisean le mionnaí móra
    is le mallachtaí.
Bhagair mé scian na coise duibhe air a iompraím de lá
    agus d'oíche
is atá coinnithe i bhfaobhair agam le fuath is dá leagfadh
    sé lámh orm choíche
aríst, a dúirt mé leis go neamhbhalbh, chan imeodh
    sé lena bheo,
agus ó shin tá muid ag dorchú ar a chéile agus beidh
    go deireadh is go deo deo.

6.

Where could I go – this girl who never travelled
    past Letterkenny.
I hadn't the courage, I hadn't the wit,
    to up and leave.
Couldn't place a penny in my palm.
    Everywhere held distress for me.
My light was smothered. Hope tangled
    on barbed briers.
And now I've spent twenty-five years, swinging
from manic frenzy to deathly inertia.
    Twenty-five years.
Never once did a local lad think
    to come courting –
let alone come for my hand.
A good man could have freed me
    from all this wretchedness.
I threw a slew of curses at my father.
Brandished the black handled knife
    kept scabbard by my side;
    sharpened by my hatred.
I have him warned, if he ever touches me
he will not escape with his life.
    We have no contact,
will never have contact, even past our end.

7.

Anois agus soilse beaga sochmhaidh na hoíche á lasadh i dtithe
    teaghlaigh
i bhFána Bhuí, ar an Cheathrúin, i gCaiseal na gCorr is beag
    nach mbriseann mo chroí
le cumhaidh; ach seo mé ag piocadh liom ó dhruil go druil, síos
    agus aníos go tostach
ag coinneáil m'airde ar rithim bhuile na spáide. Mothaím
    trom torrach
leis an tocht atá á iompar agam gach uile lá beo, tocht dorcha
    dochiallach
ag lorg urlabhra. Ba mhór an méadú misnigh domh dá
    bhféadfainn
an brú seo a gineadh i mbroinn m'aigne a ionchollú
    i mbriathra, a thabhairt slán.
Ach nuair a fhosclaím mo bhéal lena shaolú, lena scaoileadh
    saor, i dtólamh
théid sé i bhfostú i mo sceadamán, stiúcann sé
    ar mo theangaidh,
agus cha saolaítear ach marbhghin gan mhothú agus théid sé
    i dtalamh
anseo idir claí agus clasaidh, gan de chloch chuimhne os a
    chionn lena chomóradh
ach grág préacháin nó gnúsachtach madaidh nó gíog
    ó spideoigín beag fán;
ach ó shaobh an chinniúint a súil orm sílim gurb é
    sin mo dhán...

7.

I can see sparkles of home lights;
Fanaboy, Keeldrum, Cashelnagcorr,
        beacons of warmth
as loneliness freezes my heart.
I keep gathering from drill to drill
        down and up, down and up,
following the metronome of the spade.
        I feel heavy,
wearing a weight of grief and guilt,
        an unrelenting burden.
I know my courage would grow
        if I could give birth
to the pressure conceived in my mind,
bring my thoughts forth safely.
        When I try,
when I open my mouth for that voice,
my throat ensnares the words.
        They become rigid
and a lifeless stillbirth falls from me.
        Once again there is a burial
between hawthorn and granite stones.
        No cross for the resting
as a black crow caws and a lone robin
        remains silent.
 This is the dirge Mother Fate
        wants for me.

Translated by Denise Blake

PART II: OUT IN THE OPEN

Three

Geasa

Tráthnóna teann teasbhaigh
a bhí ann i ndeireadh an earraigh
agus bruth na hóige i mo chuislí;
an sú ag éirí i ngach beo
agus bachlóga ag broidearnaigh
ar ghéaga na gcrann fearnóige
taobh liom. Mé ag amharc ina treo,
ag cúlchoimhéad uirthi go faillí
fríd scoilt i gclaí an gharraí;
í tarnocht agus ar a sleasluí,
caite síos ar sheanchuilt bhuí;
faobhar na hóige ar a cuid cuar
agus í ag dúil na gréine le cíocras;
a cneas chomh glé ...
                le béal scine.

Mé easnamhach
ar an uaigneas
measc cloch

           gan seasamh
           san uaigneas
           measc cloch.

M'easnamh mar mhiodóg
ag gabháil ionam go putóg
nó tuigeadh domh go hóg
agus go grod... gan ionam
ach buachaill ar a chéad bhod
nach ndéanfadh meallacht mná
fioch agus flosc na féithe
a ghríosadh ionam go bráth;
is nach síolrófaí de chlann

The Bond

It was a hard hot afternoon
as spring came unsprung
and youth bubbled in my veins;
juices coursed through every living thing
and buds pulsed on alder branches
next to me. Secretly, I watched her
through a handy wee slit in the garden wall
as she lay back naked on an old yellow quilt,
the youth-sharpened curves of her body
greedily sucking in sun,
her skin as bright ...
                    as the edge of a knife

And I was left wanting,
out on my own
among stones

              unattended,
              alone
              among stones

Absence stung me with daggers to the bones
as I learnt young and sudden
(a pubescent teen) that no bewitching woman
could sear my veins with flux and fury;
and the only children to spring from my loins
would be a family of verse
born from the juicy womb of my Muse;
Oh, and it hurt so deep,
this black magic bond
placed on me forever
by Poetry.

do mo leithéidse choíche
ach cibé clann bhéag bhearsaí
a shaolófaí domh san oíche
as broinn mhéith na Béithe;
is ba mhór an crá croí domh
na geasa dubha draíochta
a leagadh orm go síoraí
as féith seo na filíochta.

Ach tráthnóna teann teasbhaigh
a bhí ann agus bruth na hóige i mo chuislí;
ag breathnú uirthi, ag baint lán
mo dhá shúl, as a corp álainn, éadrocht,
chan ise a bhí romham sínte,
chan ise a bhí mo ghriogadh
ach bogstócach mo shamhlaíochta
agus é 'mo bheophianadh ...
Ach b'fhada go gcasfaí orm é ina bheatha,
b'fhada go bhfaighinn sásamh
óna chneas álainn fionnbhán,
óna chumthacht tharnocht
ach amháin ...
           i mo dhán ...

It was a hard hot afternoon,
with youth bubbling in my veins,
my eyes full drunk
on her bright beautiful body,
only it wasn't her
stretched out before me,
not her turning me on,
but the young man I was imagining.
Oh, and it hurt so deep.
It took years to meet him in the flesh,
years to satisfy my wish
for his pale, wonderful skin,
his clear, naked form.
But sometimes ...
        in poems ....

Translated by Frank Sewell

Oíche

Cha raibh ann ach seomra beag suarach
i gceann de lóistíní oíche Shráid Ghardiner;
coincleach ar na ballaí, na braillíní buí agus brocach;
gan le cluinstin ach ochlán fada olagónach
na cathrach agus rúscam raindí na gcat
ag déanamh raicit i mboscaí bruscair an chlóis;
ach ba chuma agus tusa, a rún na gile, sínte ar shlat
do dhroma, ar cholbha na leapa agus gan tuinte ort...

Agus tú ag dlúthú liom go docht, d'aoibhnigh do gháire
salachar an tseomra agus smúid oíche na sráide,
agus ansiúd ar sheanleabaidh lom na hainnise, bhí tú liom,
go huile agus go hiomlán, a ógánaigh chiúin an cheana.
Ansiúd ar an tseanleabaidh chruaidh, chnapánach úd
agus domboladh an allais ag éirí ón éadach tais,
bhlais mé do bhéilín ródheas, do bheola te teolaí,
a chuir an fhuil ar fiuchadh ionam le barr teasbhaigh...

Bhí gach cead agam, an oíche úd, ar do chaoinchorp caomh;
ar ghile cúr séidte do bhoilg; ar do bhaill bheatha
a ba chumhra ná úllaí fómhair 'bheadh i dtaisce le ráithe;
ar mhaolchnocáin mhíne do mhásaí, ar bhoige liom go mór iad
faoi mo láimh, ná leithead d'éadaigh sróil, a mbeadh tomhas
den tsíoda ina thiús ... Anois agus mé 'mo luí
anseo liom féin i leabaidh léin an díomhaointis
tá mé ar tí pléascadh aríst le pléisiúr ... le tocht

ag cuimhneamh ortsa, a ógánaigh álainn, deargnocht
a d'aoibhnigh an oíche domh ... ocht mbliana déag ó shin, anocht.

Night

It wasn't much of a room.
One of those B&Bs off Gardiner Street.
Damp on the walls. Sheets yellow with grime.
Nothing to listen to but the slow moan
of the city and the horny cries of bin-hoking cats
in the alley. But so what?
Weren't you lying flat on your back
on the edge of the bed, undressed to the nines?

And you clung to me so tight, your smile turning
the dirty double-room and murky night outside
to bliss. There, on that old wreck of bed, you
in all your pow and glory, my quiet young lover,
were mine. There, on that lumpy, button-mattress
with stale sweat rising from the damp sheet,
your hot, burning lips kissed my blood alight.

That night, I could do anything with your body,
so smooth and slender, your belly as bright
as a foaming wave, and below – more temptation
than red ripe apples held in store. Mine
were the rolling drumlins of your cheeks,
soft under my hand, and light as the scantiest silk.
Now, alone, on a no-such-lucky bed,
in pain, in joy, I remember you, beautiful, naked,

transforming my night, eighteen years ago, tonight.

Translated by Frank Sewell

D'ainm

Dúirt tú liom agus tú ag imeacht
Gan d'ainm a lua níos mó ....

Agus rinne mé mar a dúirt tú, a mhian,
Rinne mé é,
Cé go raibh sé dian agus ródhian,
Chuir mé d'ainm as m'aigne,
Sháigh mé síos é
I gcoirneál cúil na cuimhne.
Chuir mé i dtalamh é
I bhfad ó sholas a haithne ....

Rinne mé mar a dúirt tú, a chroí,
Ach mar shíol,
Phéac d'ainmse sa dorchadas,
Phéac sé agus d'fhás sé
I dtalamh domasach mo dhoichill
Go dtí gur shín a ghéaga
Aníos agus amach
Fríd bhlaosc mo chinn is mo chéile....

Dúirt tú liom agus tú ag imeacht
Gan d'ainm a lua níos mó ...

Ach níl leoithne dá dtig
Nach gcluintear an crann seo ag sioscadh ... Joe ... Joe.

Your Name

You said when you left
never to mention your name ....

I did as you said,
I did it,
hard as it was, too hard.
I put your name out of mind,
shoved it down to the furthest
reaches of my memory,
buried it in a dark corner
where it should not come to light ....

I did as you said,
but just like a seed,
your name shot up through the dark,
it sprouted and grew
against my earthly will
until it stretched its limbs
up and out of my ken or control.

You said when you left
never to mention your name ...

but even the faintest breeze
makes this tree whisper ... Joe ... Joe.

Translated by Frank Sewell

Cainteoir Dúchais

Bhí sé *flat-out*, a dúirt sé
i gcaitheamh na maidine.
Rinne sé an t-árasán a *hoover*eáil,
na boscaí bruscair a *jeyes-fluid*eáil,
an *loo* a *harpick*áil, an *bath* a *vim*eáil.
Ansin rinne sé an t-urlár a *flash*áil
na fuinneoga a *windowlene*áil
agus na leapacha a *eau-de-cologne*áil.

Bhí sé *shag*áilte, a dúirt sé
ach ina dhiaidh sin agus uile
rachadh sé amach a *chruise*éil;
b'fhéidir, a dúirt sé, go mbuailfeadh sé
le boc inteacht
a mbeadh Gaeilge aige.

Native Speaker

He was *flat-out*, he said,
after the morning.
He had the place all *hoover*ed,
the bins *jeyes-fluid*ed,
the loo *harpick*ed, the bath *vimm*ed.
Then he *flash*ed the mop over
the floor, *windowlen*ed the windows
and *eau-de-cologn*ed the beds.

He was *shagged-out*, he said,
but even so, he was all set
to go out *cruising*;
you never know, he said,
he might run into someone
with a *cúpla focal**.

Translated by Frank Sewell

* 'a few words of Irish'.

Ag Faire do Shuain

Ó dá mba ar mo mhian a bheadh sé
    a bhuachaill na gréine
bheinnse ag taisteal anocht i gceithre
    críocha do cholainne;
tusa atá ag críochantacht liom
    go teolaí codlatach,
cuachta go caoin ar mhór-roinn na leapa
    i do ríocht rúnda.

Tá leithinis téagartha do choise ag síneadh
    uait amach, a dhianghrá,
thar chlár mara an urláir; 'mo ghríogadh
    mo mhealladh is mo chrá.
Ó bhéarfainnse a bhfuil agam agus tuilleadh
    'bheith i mo bhradán sa tsnámh,
i mbéal abhna do bhéil, ag lí agus ag slíocadh
    carraigeacha déadgheal do cháir.

Sínte os mo chomhair, a rúin, i do thír
    dhiamhair toirmiscthe,
santaím tú a thrasnú ó lochanna scuabacha do shúl
    go leargacha gréine do ghruanna;
ó mhachairí méithe d'uchta atá ar dhath
    buí-ómra na cruithneachta;
síos cabhsaí cúnga na rún go bun na dtrí gcríoch...
    ansiúd tá luibh íce mo shlánaithe.

Ó ba mhaith liom mo shaol a thabhairt go héag
    ag dul i dtaithí ort, a ghrá,
ó cheann tíre do chinn go lomoileáin
    sceirdiúla do ladhra –
cé nach bhfuil tú ach beag baoideach, a mhian,

Watching You Sleep

Tonight, if it was up to me,
sunny boy,
I'd be travelling all over
the four corners of your body
here as you border on to me,
all warm and sleepy
in your private kingdom,
tucked up tight in a continent of quilt.

The sturdy promontory of your leg
stretches out, my love,
over a seascape of floor; turning
me on, tempting me, killing me.
Oh, I'd give all I have and more
to be a salmon swimming
in your river-mouth, lolling
and licking over your rocky teeth.

Stretched out before me,
like a strange forbidding land,
I want to go over you from the sweeping lochs
of your eyes to your sunny sloping cheeks,
from the rich plains of your chest
(the amber-yellow of wheat-fields),
down secret, narrow passageways to there
where nature's remedy and my healing, lie.

Oh, I'd like to live my life
checking you out, my love,
from your headland to the bare
forked islands of your toes.
Even though you're only small,

is a chuid bheag den tsaol;
anocht agus tú spréite ar lorg do dhroma –
    tuigim dá bhfaighinn fadsaoil

nár leor é ná a leath le fios fíor a chur ortsa,
    do chríocha is do chineál; –
cé nach bhfuil tú ach beag baoideach, a chroí,
    tá tú gan chríoch ...
ach mairfidh do chumhracht chréúil i gcónaí
    i mo chuimhne, is beidh d'ainmse,
a bhuachaill na gréine, ag sní i mo chéadfaí
    mar a bheadh abhainn ann, ag éirí

os a gcionn mar a bheadh sliabh ann ...

only one small part of the world,
tonight, with you lying on the slope of your back,
I can see that the world of you is wide,

too wide to appreciate, in just one lifetime,
the coasts and curves, the hills and vales of you.
Even though you are only small,
you are boundless, limitless ....
Your earthy scent will always linger
in my memory; and your name, sunny boy,
will whirl my senses like a river,
swell over them like a mountain.

Translated by Frank Sewell

PART II: OUT IN THE OPEN

Four

Londain

Am stad. Amach leis an iomlán againn sciob sceab.
Pláigh chuileog as carn lofa d'oifigí gnó.
Níl éinne fial le dáimh ach í siúd thall - Báb
i mbreacsholas an chlóis chaoich. "*I'm Nano
the Nympho*," arsa mana griogach a cíoch.
"Bí ar d'fhaichill uirthi," a dúradh go fuarchúiseach.
"Tá fabht inti," is brúim isteach i gceann de thithe
gabh-i-leith-chugam na bPizzas mar rogha ar an striapach.

Níl le feiceáil anseo ach feidhmeannaigh oifige.
Scaoth ag gach bord. Seabhrán os cionn na mbiachlár.
Samhnasach. Urlacaim, sconnóg ar mhuin sconnóige
lá domlasach na hoifige. Gach uile eiseamláir
mhífholláin a ndearnas díleá air le bheith i mo *bhoss;*
gach scig-gháire pislíneach faoi mé bheith *très
distingué* i mo chulaith úr cheant; gach seal ar an *doss*
le héalú ó cheirnín scríobtha a bhféinspéise – mé – mé – mé.

Damnú orthu. ní dhéanfadsa bábántacht níos mó
ar theoiricí míofara as broinn tí chuntais. Go hifreann
le gach *clic – cleaic – ac* as clóscríobhán Miss Devereaux;
le gach *jolly good delineation, pop it up to Dodo or Boremann;*
le gach luas staighre, le gach clagairt chloig, le gach ditto;
leo siúd go léir a d'angaigh mo mhéinse le bliain. Amárach
pillfidh mé ar Ghleann an Átha, áit a nglanfar sileadh an anró
as m'aigne, áit a gcuirfear in iúl domh go carthanach

go gcneasaíonn goin ach nach bhfásann fionnadh ar an cholm.

Capital

Knocking off time. Out with the lot of us. Chop chop.
A plague of flies from a stinking pile of office blocks.
Nobody pays any heed but her there – Bab,
half lit up in the blind alley. *I'm Nano*
the Nympho says the rising manna of her breasts.
Watch out for that one – someone said, cold as pavement.
She's not all she seems. I push into one of those
pizza parlours, away from the spiderwoman.

All you see here are office types. A swarm
at every table buzzing over the menu.
Sickening. Drop by drop, I retch the gall
of my day at the office: every putrid example
I'd digested to become a boss; every slobbering
aside about my being *très distingué*
in my cut-price suit; every brief escape
from the scraped record of their lives, the needle stuck

in a groove spinning *me-me-me*. Damn it,
I'm throwing out baby and bathwater, the ill-conceived
theories of this barren counting house. To hell
with every click and clack on Miss Devouro's
foolscap; every jolly good show from Dodo
or Boremann; every just so; every one of them
that's soured my mind for a year. Tomorrow, I'm back
in Glenford where I'll be purged of this poison

and learning the all-too-familiar lesson
that a wound heals but hair doesn't grow on the scar.

Translated by Frank Sewell

Gladstone Park

Sa pháirc phoiblí seo is minicí mé ar an tSatharn
i bhfoisceacht leathmhíle den lóistín i Neasden.
Tigim anseo cé go mb'fholláine i bhfad otharlann.
Daoine trochailte is mó a bhíonn ann.

Tá na faichí ar dhath shúlach buí na gcaolán
is tá boladh bréan ag teacht as linn na lachan.
Ag streachlánacht thart a chaithim an lá
ag amharc ar dhaoine dubhacha na cathrach,

na seanphinsinéirí a bhíonn ina suí leo féin ar bhinsí,
a gcnámha ag scamhadh, iad goncach le slaghdán,
na bacaigh chromshlinneánacha ag rúscadh i gcannaí,
na druncairí ag drádántacht sna cabhsaí.

Is mothaím a mbuairt mar bheadh sconnóg chársánach fola
i bhfostú i mo sceadamán. A bheith anseo achan lá,
ag diomailt an ama, ag dúdaireacht, ag déanamh na gcos,
ag diúl fíona. 'Dhia, a leithéid de phionós.

Ach cé go mbraithim m'óige ag meirgiú gach Satharn
faoi shúile goirte na n-éan scoite is na n-easlán,
níl aon dul as agam ach a theacht chun na háite
ach an oiread le steallaire ag teacht ina ghaisí.

Mar d'ainneoin na déistine, braithim bród i mo chroí;
mar bhuachaill ar fheiceáil a chéad ribí fionnaidh,
bród go bhfuilim anois in aois fir is gur tús fáis
mo dhaonnachta an bháidh seo le lucht an dóláis.

Gladstone Park

Most Saturdays I'm in this public park
about half a mile from my digs, in Neasden.
I come here even though a hospital would be healthier;
the place attracts mainly down and outs.

The lawns are the colour of puked-up guts
and there's a stench breathes from the duck pond.
I spend my day walking here and there
watching blighted city folk:

old-age-pensioners sitting snot-
nosed on lonely benches, failing;
hunched-up tramps hoking in tins
the drunks have left to go beg.

And I feel their sorrow, like blood, clot
the back of my throat. Trapped here, killing
time every day, they hang out, stretch their legs,
and knock back wine. God, what punishment!

The hurt looks every Saturday
of these odd birds and invalids
rust my youth. Still, all I can do
is come to this place again and again

like an injection in spurts. You see,
despite my dismay, I'm proud as a boy
finding his first hairs; yes, proud
to become a man whose humanity begins

plumbing these depths with the woebegone.

Translated by Frank Sewell

Déagóir ag Driftáil

1.

Anseo ar ardán in Euston, i mo shuí go corrach ar mhála
    atá lan de mhianta m'óige;
tá traein ag tarraingt amach go tíoránta, ag stealladh
    beochréachtaí as mo Dhóchas,
le buille boise toite, le fuip fhada deataigh;
    ach tugaim m'aghaidh ar an tsráid,
an ghrian ag gealadh i mo chroí, an samhradh ag borradh i
                mo chéadfaí.

2.

Tá beochán beag gaoithe ag tógáil sciortaí gorma
    an tsiolastraigh
agus mé i mo shuí ar bhinse i measc na mbláth
    i bFinchley
ag féachaint ar shaighdiúir óg atá ag féachaint
    ar na *poppies*;
é níos caoine ina dhreach, níos séimhe ina shiúl,
    níos mó le mo mhian
ná an chailleach dhearg lena thaobh a bhfuil sac salainn
    á dhéanamh aici le leanbh.
Piocann sé *poppy*, tiontaíonn a chúl liom go tobann,
    agus as go brách leis as mo shaol,
gan amharc orm, gan labhairt liom, gan spéis dá laghad
    a léiriú ionam.
Ó nach tútach an croí a théann i gcónaí isteach
    i ndol an cheana!

Teenage Drifter

1.

Here I am at Euston station, sitting uncomfortably
on my hold-all of dreams. A train trundles out,
tearing shreds out of my hope with claps of smoke
and a long whip of dust. But I take to the street
with sun in my heart, and summer swelling my senses.

2.

A gentle breeze lifts the blue skirts of irises
as I sit on a park-bench in Finchley watching
a young soldier look at the poppies; he is
more smooth-featured, more kind-eyed,
more to my liking than the red-faced girl
beside him, rocking a child from side to side.
He picks a poppy, turns his back and suddenly
goes out the door of my life forever,
without looking at me, speaking to me
or showing the slightest interest in me.
It's so hard for the heart always trapped
in the net of love. Sad and sorry
for love that doesn't get a chance to grow.

Ó nach truacánta an gean nár chinniúint dó fás
        is tá na *lupins* ina gcolgsheasamh
sa choirnéal, á dtaispeáint féin go magúil do na *pansies*.
        Tá mise agus an chailleach dhearg
suite ar bhinse, an leanbh ina staic chodlata anois;
        saighead álainn Chúipid
ag díriú a bheara labhandair orainn ón bhláthcheapach.

3.

        Tháinig mé anseo ó chnoic agus ó chaoráin,
Ó pharóistí beaga beadaí an bhéalchrábhaidh, ó bhailte
        an bhéadáin, ó bhochtaineacht
agus beaginmhe mo mhuintire, ó nead caonaigh a gcineáltais,
        ó chlaí cosanta a socrachta.
Teastaíonn fuinneoga uaim! Teastaíonn eiteoga uaim!
        Tá mé dubhthuirseach de rútaí,
de bheith ag tochailt san aimsir chaite, de sheandaoine
        ag tiontú ithir thais na treibhe,
ag cuartú púiriní seanchais a thabharfas cothú anama daofa
        i ndúlaíocht ghortach an gheimhridh;
de dhomboladh na staire a chuireann samhnas orm;
        de bhlaoscanna cinn mo shinsear
ag stánadh orm go námhadach ó chrann ginealaigh mo
                                    theaghlaigh.
        Tá mé ro-óg do sheanchuimhní!

The love-lies-bleeding shed red tears
of longing, and the lupins are bolt-upright now
in the corner, showing off to the pansies.
Me and the red-faced girl are sat on a bench,
the child fast asleep now. A beautiful Cupid's
dart points its lavender tip at us from the flowerbed.

3.

Here I came from hill and bog,
from small parishes of hypocrisy,
from gossipy towns, from the poverty
and anonymity of my people,
from the mossy nest of their kindness,
the hedges and fences of their complacency,
wanting windows, wanting wings,
sick-to-death of roots, of digging
in the past tense, of old people
raking up the gooey tribal soil
for small potatoes of heritage
to feed their hungry souls
through the cold, dark depths of winter,
of musty history that revolts me,
of the skulls of my ancestors
evil-eyeing me from family trees.
I'm too young for old memories!

4.

Tá an tsráid anásta seo as anáil i marbhtheas an mheán lae
     agus í ag ardú na malacha
I nDollis Hill lena hualach de chúraimí an tsaoil;
     línte níocháin a clainne
ag sileadh allais i gclúideanna salacha a colainne;
     gearbóga gránna an bhuildeála
ag déanamh angaidh ina haghaidh liathbhán chráite;
     smug bhréan an bhruscair
ag sileadh ó ghaosáin gharbhdhéanta a cuid cosán.
     Siúlaim thairisti go tapaidh
agus léimim ar bhus atá ag gabháil go Cricklewood Broadway.

5.

Tá glórthaí Conallacha, guthanna Ciarraíocha ag bláthú anseo
     ar chrann géagach na gcanúintí,
agus i mbrothall na cathrach tá a mboladh tíriúil chomh fionnuar
     le gaoth cháite ón tsáile, le ceobháisteach ón tsliabh.
Tchím iad anseo, mo bhráithre, bunadh na gcnoc agus na
                                                                gcladach;
     gnúiseanna eibhir, gimp na gcorra ina ngluaiseachtaí.
Iad chomh coimhthíoch sa tsuíomh seo le bairnigh na trá ag
                                                                iarraidh
     a theacht i dtír i gcoincréit na sráide.
Tchím iad, aithním iad, sa *Bhell* agus sa *Chrown*, fir fhiáine mo
                                                                chine
     a bhfuil tallann na dtreabh iontu go fóill
ach a chaitheann an lá ag cur troda ar thaibhsí tormasacha
                                                                a n-aigne;

4.

This struggling street wheezes in the midday heat
as she lumbers up the slope of Dollis Hill
with the worries of the world on her shoulders,
the clothes on her family washing lines marked
with sweat from clammy corners of her body.
Ugly pockmarks of building sites fester
in her tired, done-in face as filthy snotty rubbish
streams from the coarse nostrils of her alleys.
I hurry by and hop on a bus to Cricklewood Broadway.

5.

Here, Ulster and Munster voices bloom
on the branching-out tree of dialects.
Their earthy scent in this sultry city
is fresh as a sea-wind or mountain-drizzle.
I see them here, my brothers, the stock
of sea and shore, their granite faces,
their 'heron' stroll as they pass by,
as out of place here as limpets in concrete.
I see them and can tell them apart
in *The Bell* and *The Crown*, the wild
men of my race who still have
the tribal spirit but spend their days

ná deamhain óil a chuir deireadh lena nDóchas.
Níl mé ag iarraidh go ndéanfaí faobhar m'óige a mhaolú is a
scrios
le meirg an díomhaointis i seomra beag tais
an Uaignis, i gKilburn no i dTufnell Park, i Walthamstow nó i
Holloway;
i gCricklewood, i gCamden Town nó in Archway.
Ní mian liom mo shaol a chaitheamh anseo leis an Uasal Uaigneas
gan éinne ag tabhairt cuairt ar mo chroí,
Ina lámh deis tá duairceas agus díomá, ina lámh chlé tá scian
fola agus Bás
Teastaíonn uaim tábla na féile a leagan don Áthas!
Teastaíonn uaim laethanta na seachtaine a ghléasú in éide an
Aoibhnis.

6.

Caithim seal i siopaí leabhar Charing Cross Road
ag *browse*áil i measc na m*Beats*;
Iadsan a bhfuil *voodoo* i *vibe*anna a gcuid véarsaí,
a chuireann mise craiceáilte
sa chruth go bhfuil *buzz* ó gach beo agus go mbraithim
i dtiúin leis an tsíoraíocht.
Agus mé ag *swinge*áil suas an Strand go Drury Lane
tá gach ball díom ag ceiliúradh
ár ndiagacht shaolta agus ár ndaonnacht diaga
agus ag diúltú don Tréad.
I gConvent Garden tá an ghrian ina gadaí sráide ag piocadh
pócaí na gcoirnéal sa scáth;
agus tá na turasóirí cneadacha ag teicheadh i dtreo na dtábhairní,
ag dul i bhfolach i dtithe bídh.

fighting the griping ghosts of their mind,
or dark spirits that call time on their hope.
I don't want my youth blunted and rusted
with unemployment in a damp lonely bedsit
in Kilburn, Tufnell Park, Walthamstow,
Holloway, Cricklewood, Camden or Archway.
I don't want to spend my life here with no-one
warming to my heart but Mr Loneliness:
in his right hand, darkness and despair;
in his left, a cut-throat razor and death.
I want to spread the table for happiness.
To seize my days and wrap them up in joy.

6.

I hang out in the bookshops down Charing Cross Road,
browsing among the Beats, getting good vibes
from the voodoo in their verses which crack me up
and open until everything's a buzz and I feel in tune
with eternity. Swinging up the strand to Drury Lane,
every inch of me is singing our human godliness,
our godly humanity, and stepping out from the herd.
In Covent Garden, the sun is a street-thief, picking
the pockets of shady corners while done-in tourists
head out to the pubs or hide away in restaurants.

Téim faoi dhíon i gcaifé Meiriceánach. Tugann an freastalaí mná
        súil thaithneamhach domh
agus go tobann tig eiteoga ar mo dhóchas, fuinneoga ar mo
                                                        dhúthracht.
        Tá Londain ag *rock*áil
in *amp* ard a gáire, i *swing* a cíche, i *hustle* a coise.

7.

I leithris i bPiccadilly labhrann buachaill liom,
        a shúile chomh ceansa
le dhá cholmán ag cuachaireacht sa chlapsholas.
        Neadaíonn siad i ngéaga mo gháire.
I ndiamhaireacht na coille craobhaí a nascann ár gcéadfaí le chéile
        téann sé le craobhacha.
Lena theangaidh déanann sé m'aghaidh a ní agus a lí
        i sobal cumhra a anála.
Fágann sé seoda a phóga ag glinniúint i mo shúile ...
        ach le teacht na hoíche
a cheann faoina eiteoga, tréigeann sé mé ...

I take shelter in an American café. The waitress
gives me the come-on and suddenly my hope has wings,
my will – windows. London is rocking in its megawatt
laugh, the swing of its breasts, the shuffle of its feet.

7.

In a public toilet in Piccadilly, a boy speaks to me,
his eyes meek as two doves coo-cooing in the dusk.
They nestle in my smile. In the mystery-branching
wood that binds our senses, he grows wilder,
licking and washing my face with his tongue
and sweet, soft-soaping breath. His kisses set
jewels glinting in my eyes until night falls.
Then he buries his face in his wings, and leaves.

8.

Is mór an méala é ach anseo i mBarkley Square
        agus na réaltóga ar an aer
cha chloistear an filiméala níos mó ...
        ach tá mo thriúr féin liomsa
ag ceiliúr i mo phóca, ag tógáil cian domh san oíche –
        Ginsberg, Corso agus Ferlinghetti.
Agus má sháraíonn orm leabaidh na hoíche a aimsiú
        dhéanfaidh siadsan mo shamhlaíocht
a shiopriú i bpluid ghleoite na spéire, mo bhrionglóidí
        a shuaimhniú ar adhairt chinn na gealaí ...

8.

It's the pits, but here in Berkeley Square
with the stars up above in the sky,
there isn't even a nightingale to be heard.
Still, I've got three of my own, chirping
in my pocket, lighting up my nights:
Ginsberg, Corso and Ferlinghetti.
And if I don't find a bed tonight,
they will wrap my imagination
in a star-spangled blanket of sky,
cradle my dreams on a pillow-moon.

Translated by Frank Sewell

Cor na Sióg

1.

Tráthnóna samhraidh. Súil theasaí na gréine
ar an tsráid, ag griogadh na gcéadfaí
i ngach ní ar a dtuirlingíonn sí, scóig buidéil,
cnaipe *blouse*, úll i bhfuinneog, murlán práis.
Agus mé ag siúl thart ag baint sú as suáilcí an tsómais,
tá sí ag caitheamh drithlí áthais ar an déagóir téagartha
atá ag imirt báil leis féin ar léana na himeartha.
Tá sí ag baint lasadh as fuinneoga faiteacha an tséipéil
i Willesden. Tá sí ag tabhairt a thapú aríst don tseanfhear bhreoite
seo atá á mo threorú suas Walm Lane i dtreo an Tube.
Agus i dtrangáil an tráthnóna, i mbrú daonna na sráide
tá sí ag gliúcaíocht leis na súilíní allais ar chlár m'éadain
ach fágaim i mo dhiaidh í agus mé ag gabháil síos sna duibheagáin...

2.

Sa charráiste aithním buachaill as an bhaile.
I meangadh leathan a gháire tá fairsingeacht tíre.
Ó mhalacha arda a shúl tá amharc aeir agus aoibhnis.
Suím lena thaobh. Tá sé ag pilleadh óna chuid oibre i Queensbury –
ag *shutter*rail do *subbie* - fágann sé slán agam i bhFinchley Park
ach fanann boladh na móna óna chomhrá croíúil-cois-teallaigh
ag séimhiú mo smaointe agus sa spás tíriúil seo
a chruthaigh sé domh, tugaim taitneamh ó chroí do mo
chomphaisinéirí
Na buachaillí a bhfuil a gcinniúint chodlatach
cuachta i bpáipéirí an tráthnóna; na fir thromchúiseacha
ag bábántacht le *briefcases* ag iarraidh a gcuid cáipéisí
corrthónacha a chur a chodladh; na mná atá ag léamh beathaisnéisí
saoil agus seirce a chéile i dtéacs líofa na ndreach.

The Fairy Reel

1.

A summer afternoon and the sun's hot eye
looks down on the street. She arouses the senses
of everything she touches; the neck of a bottle,
a door handle, an apple in a window, a button on a blouse.
As I stroll around, soaking up life,
she casts a friendly glow over a stocky youth
who plays ball all alone on the green.
Her gaze makes the timid windows of Willesden's chapel
blush and reddens the cheeks of the feeble old man
who points my way towards the tube.
And in the bustle of the afternoon, in the press of people,
she plays with the beads of sweat on my brow
before I leave her to climb downwards into the depths.

2.

I catch sight of a boy from home in the crowded carriage.
He smiles and I see the moorlands of Mín a' Leá in the width
of his grin, the light making its way across the Mín a' Craoibhe hills
in the blue of his eyes.
I sit at his side, he's shuttering for a subbie in Queensbury,
travelling back to his digs. When he steps off at Finchley Park
a smell of burning turf remains from his cozy fireside manner.
My thoughts mellow in the homely space he conjured up for me,
and I take a sudden fondness for my fellow passengers:
boys with slumbering fates wrapped in their evening newspapers;
pompous suited men cradling closed briefcases to lull their cranky
documents to sleep; women reading life stories
from the texts honed into each others features.

3.

Tuirlingím den Tube i dTottenham Court Road
agus caithim seal ag spásáil thart i Soho
ón Chearnóg go Carnaby Street. Tá'n áit seo Uasal;
i bhfad Éireann níos uaisle ná mar atá Coillidh Phrochlais.
Anseo tá na síoga ag *cruise*áil sa chlapsholas.
Tá siad tagtha amach as liosanna na heagla, as rathanna an uaignis.
Tá siad ar a suaimhneas i saoirse shiamsach na sráide,
i measc na mianta agus na n-ainmhianta, na bhfaisean agus na

                                                    bpaisean;
i measc banríonacha na m*boutique*anna, i measc hustléirí haisíse,
i measc hipstéirí an cheoil. Tá siad ag baint suilt as an tséideán sí
atá ag éirí ina gcéadfaí is a bhuaileas an tsráid ar ball
ina ghuairneán grá ... ina chuaifeach ceana.
Tá an tsráid sro i dtiúin le mo chroí.

4.

I nGreek Street tugann diúlach gan dóigh cuireadh domh
a ghabháil leis *"to hoot and to honk, to jive alive, man!"*
I bhFrith Street taobh amuigh de *Ronnie Scott's*
agus mé ag léamh na bhfógraí, tig buachaill álainn
de shaorchlann an leasa chugam gan choinne;
dath na gaoithe agus na gréine ag snasú a chéile
i dtír shláintiúil a scéimhe. *"You like jazz?"*, a deir sé go béasach,
agus i mbomaite tá ár n-aigne ag *jam*áil le chéile
i *ríff* na haithne – Ella, Billie, Sarah, Aretha, Duke Ellington
agus Count Basie. Tá muid beirt ag tabhairt ómóis

3.

I get off the Tube in Tottenham Court Road
and knock about Soho –
from the Square to Carnaby Street.
This place is enchanted; a whole world more enchanted
than Proclais Wood. Here the fairies are cruising in the twilight.
They have come out of their granite ring-forts of fear,
come out of their ancient hilltop raths of loneliness.
They flow in the frenzied freedom of these streets;
here among the fashions and lusting, the passions and longing;
with the boutique queens in all their regalia; with the hippie
                                        hustlers of hashish;
the cool men of music, revelling in the winds rising
in their senses and sweeping the city in a whirlwind of love,
                                        in a cyclone
of sensuality. Definitely – this place is in tune with my heart!

4.

A drifter on Greek Street asks me to leave it all and follow him;
to hoot and to honk, to jive alive, man!
I move on to Frith Street, hang about the front of Ronnie Scotts
just reading the notices, when a sweet boy speaks to me
unexpectedly. He is one of the gentle people,
the sun and the moon aglow in the lustre of his skin.
He's so soft-spoken as he asks; *You like jazz?*
and within seconds our minds are jamming together
in the same riffs of recognition – there is Ella, Billie,
Sarah, Aretha, Duke Ellington and Count Basie.

don rítheaghlach céanna. Tugann sé cuireadh domh go dtí a
sheomra
i St. John's Wood. Buddha os cionn a leapa, cipín túise
ár gcumhrú ó chófra, *jazz* ar an chaschlár.

5.

É slíoctha sciúrtha, a chneas chomh cumhra le clúimhín púdair;
a cheann catach déagóra ar mo bhrollach.
Tá muid beirt ar aon aois, ocht mbliana déag teacht an fhómhair.
Anois agus mé ag féachaint i ndoimhneas liathghlas a shúl
braithim go bhfuil saolta saolta curtha de aige;
go bhfuil sraitheanna feasa faoi cheilt i seandálaíocht a stuaime,
i gcré a chríonnachta. Tá muid in Aois an Dorchadais,
a deir sé liom, Kali yuga an Bhúdachais, an aois dheireanach.
Braithim chomh tútach i láthair a dhealraimh, é lasta le díogras,
ag míniú na gcoincheap Oirthearach domh; *Samadhi, Samsara,*
Dharma –
le Maoise agus é ina staic amadáin os comhair an Tor Thine.
Tá mé ag baint lán na súl as a aghaidh thanaí álainn, as grian
a chnis;
ag éisteacht le snagcheol a chroí agus é ag teannadh liom i
dteas ceana.

We both hold a special reverence for the same royal family.
He asks me to come back to his room in Saint John's Wood:
Buddha over the bed, incense burning on a dresser, jazz on
                                                    the turntable

5.

He is smooth and sweet smelling like a powder puff,
his curly head on my chest. We are both of an age;
come the autumn we'll be eighteen, but we are not the same.
When I look into the grey-green depths of his eyes, I sense
he has passed through life after life. There are layers on layers
of knowledge hoarded away in that mind, in his wise old manner.
We are in the Age of Darkness, he tells me, *the Kali yuga, the final time.*
I feel small, like Moses standing in front of the burning bush
as he, alight with fervour, explains to me the Eastern concepts;
Samadhi, Samsara, Dharma.
I can not keep my eyes off his delicate features,
running my fingers across his face, and when he presses
                                                    against me,
I hear the jazz beat of his heart.

6.

Anois tá *mantra* a anála ag oibriú ionam, á mo thabhairt
                                              thar na harda,
amach san Aoibhneas, áit a bhfuil na réaltóga ag déanamh
                                              cor na síog
do *Jazzman* na Gealaí
Fágaim slán aige ar *Abbey Road* ach féachaim ina dhiaidh
                                              go tochtach
agus é ag imeacht uaim, ag gabháil as aithne cheana féin
i *Samsara* na sráide, i measc Ciaróga agus Cuileoga na hoíche ....
In Aois seo an *Kali yuga* siúlaim 'na bhaile sa tsolas
lán dorchadais...

6.

The mantra of his breath is working in me, taking me away
                                                    over the heights
out into sheer delight, out to where the stars dance the fairy reel
for the Jazzman of the Moon.
We say goodbye on Abbey Road.
I stare at his back and feel pure grief as he strolls away from me,
disappears into some unknown space in the Samsara of the street
among the beetles and the moths of the night.
In the Age of Kali yuga, I walk home in the light full of darkness.

Translated by Denise Blake

Súil Sholais

An nóinín úd sa chúlsráid
a ghealaigh chugam go croíúil
as scoilt bheag sa tsuimint
agus mé ag gabháil thar bráid

Cha raibh ann ach é féin
ar chiumhais an chosáin
ag beannú domh lena ghileacht
tráthnóna agus mé i gcéin

Thóg sé mo chroí
an tsúil sholais úd
a chaoch orm go ceanúil
i gcathair na gcoimhthíoch

Tá an t-amharc sin taiscithe
i gcuideachta an chinn eile –
an chéaduair a las do shúilse
romham le grá ceana agus gile.

Daisy

That little daisy in a back of beyond street
beamed at me cheerfully
from a tiny crack in the pavement
as I went by.

It was late afternoon, and standing alone
at the edge of the pavement,
he gave a bright sunny welcome
to me, an immigrant.

That daisy, that eye of light,
winked at me,
and lifted my heart
in a foreign city.

I've stored that vision
along with just one other –
the first time your eyes shone
at me, with the light of a lover.

Translated by Frank Sewell

Is Glas na Cnoic

do Wiliam Desmond

Mar bhláth fosclaíonn an ghrian amach
os cionn na cathrach –
Tiúilip teicnidhaite an tSamhraidh –
Agus cé gur minic a chaill mé mo mhuinín
agus m'aisling anseo i mbéal na séibe
agus cé go mbím goiríneach
ó am go ham le *acne* na haigne
inniu aoibhním agus tig luisne
na mochmhaidine amach ar mo dhreach.

Anois piocaim suas Mín a' Leá agus Mayfair
ar an mhinicíocht
mhire mhíorúilteach amháin i m'aigne
sa *bhuzz* seo a mhothaím i mBerkley Square;
agus mé ag teacht orm féin le dearfacht
nár mhothaigh mé go dtí seo
mo *vibe* féin, mo rithim féin,
richim bheo na beatha ag borradh agus ag *buzz*áil
i bhféitheacha mo bhriathra.

Mar thréad caorach á gcur chun an tsléibhe
tá'n trácht ag méileach
go míshuaimhneach ar na bóithre seo
ó Phark Lane go Piccadilly
agus sna ceithre hairde
tá na hoifigí… séibhte glasliatha na cathrach
á ngrianú agus á n-aoibhniú féin
faoi sholas na Bealtaine:
Don chéad uair braithim sa bhaile i gcéin.

The Grass is always Greener

for William Desmond

The sun opens up like a flower
over the city,
a summer tulip in technicolour.
Although I've often lost my faith
and dreams here unexpectedly,
and sometimes my mind turns
pimply with acne, today
I'm beginning to warm
to the early morning facing me.

Now I'm receiving Mín a' Leá and Mayfair
on the same mad miraculous
mind-bending frequency
of this buzz in Berkley Square;
more sure of myself
than I've ever felt before,
I'm tuning in to my own vibe and rhythm,
the strong back-beat of life
bopping down the arteries
of my words.

From Park Lane to Piccadilly
the traffic bleats
restlessly on the roads
like sheep threading over a mountain
while all around,
the office-blocks (grey city-mountains)
sun and sport themselves
on this May bank holiday:
for the first time, I feel at home abroad.

Translated by Frank Sewell

PART II: OUT IN THE OPEN

Five

Do Jack Kerouac

do Shéamas de Bláca

> *"The only people for me are the mad ones,*
> *the ones who are mad to live, mad to talk,*
> *mad to be saved, desirous of everything at*
> *the same time, the ones who never yawn or*
> *say a commonplace thing but burn,*
> *burn like fabulous yellow roman candles."*
>
> Sliocht *as* On the Road

Ag sioscadh trí do shaothar anocht tháinig leoithne na
    cuimhne chugam ó gach leathanach.
Athmhúsclaíodh m'óige is mhothaigh mé ag éirí ionam an *beat*
    brionglóideach a bhí ag déanamh aithrise ort i dtús na
    seachtóidí.
1973. Bhí mé *hook*áilte ort. Lá i ndiaidh lae fuair mé *shot* inspioráide
    ó do shaothar a ghealaigh m'aigne is a shín mo
    shamhlaíocht.
Ní Mín 'a Leá ná Fána Bhuí a bhí á fheiceáil agam an t-am adaí ach
    machairí Nebraska agus táilte fearaigh Iowa.
Agus nuair a thagadh na *bliú*nanna orm ní bealach na Bealtaine a bhí
    romham amach ach mórbhealach de chuid Mheiriceá.
"Hey man you gotta stay high," a déarfainn le mo chara agus
    muid ag *freak*áil trí Chailifornia Chill Ulta isteach go Frisco
    an Fhál Charraigh.

Tá do leabhar ina luí druidte ar m'ucht ach faoi chraiceann an
    chlúdaigh tá do chroí ag preabadaigh i bhféitheog gach focail.
Oh man mothaím aris, na *higheanna* adaí ar Himiléithe na hóige:
Ó chósta go cósta thriall muid le chéile, saonta, spleodrach,
    místiúrtha;
Oilithreacht ordóige ó Nua-Eabhrac go Frisco agus as sin
    go Cathair Mheicsiceo;

Let's Hit the Road, Jack

for Seamas de Blaca

"*The only people for me are the mad ones,*
the ones who are mad to live, mad to talk,
mad to be saved, desirous of everything at
the same time, the ones who never yawn or
say a commonplace thing but burn,
burn like fabulous yellow roman candles."

from On the Road

Short-cutting through your trail tonight,
memory revved at every stage;
youth harleyed and sent me again
on the dreambeat pulse of the early 70s.
Yeah, nineteen seventy-three!
Hooked, lined and sinkered on the shots
you gave me like gas to blow my mind,
I saw home turn plainly to Nebraska,
Fána Bhuí to the green grass of Iowa;
and, when the blues came belting down,
Bealtaine Road was an open freeway;
Hey man you gotta stay high, we'd say,
Californicating Cill Ulta, Friscying Falcarragh.

Your book lies closed on my chest
but, under the covers, your heartbeat
pulses in time to every word.
Oh, man! I still feel the wild highs,
the Himalayas of youth as we coasted
the coasts together, innocents abroad,
unleashed and up-for-it, thumbing
from NYC to Frisco and on
to Mexico, a wild beat

Beat buile inár mbeatha. Spregtha. Ag bladmadh síos bóithre i
g*Cadillacs* ghasta ag sciorradh thar íor na céille ar
eiteoga na m*bennies.*
Thrasnaigh muid teorainneacha agus thrasnaigh muid taibhrithe.

Cheiliúraigh muid gach casadh ar bhealach ár mbeatha, *binge*anna
agus
bráithreachas ó Bhrooklyn go Berkeley, *booze, bop* agus Búdachas;
Éigse na hÁise; sreangscéalta as an tsíoraíocht ar na
Sierras; marijuana agus misteachas i Meicsiceo; brionglóidí
buile i mBixby Canyon.

Rinne muid Oirféas as gach *orifice.*

Ó is cuimhneach liom é go léir, a Jack, an chaint is an cuartú.
Ba tusa bard beoshúileach na mbóithre, ar thóir na foirfeachta,
ar thóir na bhFlaitheas.
Is cé nach bhfuil aon aicearra chuig na Déithe, a deirtear, d'éirigh
leatsa slí a aimsiú in amantaí nuair a d'fheistigh tú úim
adhainte ar Niagara d'aigne le *dope* is le diagacht.
Is i mBomaite sin na Buile gineadh solas a thug spléachadh
duit ar an tSíoraíocht,
Is a threoraigh 'na bhaile tú, tá súil agam, lá do bháis chuig
Whitman, Proust agus Rimbaud.

Tá mo bhealach féin romham amach... " *a road that ah zigzags
all over creation. Yeah man! Ain't nowhere else it can go. Right!"*
Agus lá inteacht ar bhealach na seanaoise is na scoilteacha
Nó lá níos cóngaraí do bhaile, b'fhéidir,
Sroichfidh mé Croisbhealach na Cinniúna is beidh an Bás
romham ansin,
Treoraí tíriúil le mé a thabhairt thar teorainn,
Is ansin, *goddammit* a Jack, beidh muid beirt ag síobshiúl sa
tSíoraíocht.

132

in our veins and brains. Inspired. Hot-wired.
Cadillaccellerating down roads,
skidding out of our brains on *bennies*,
borders passed like dreams as we tuned in
and turned on to life's freeway, bingeing
and buddying from Brooklyn to Berkeley
on booze, bop and Buddhism, the wisdom
of the East, telegrams from eternity
over the Sierras, marijuana
and mysticism in Mexico,
crazy dreams in Bixby canyon.
Oh Jack, we made an Orpheus
of every orifice ....

Man, I remember every speel of the hunt
as you wide-eyed the roads for perfection,
for heaven. And though they say there's no
speedway to the gods, you made in-roads,
sometimes transfixing your Niagara mind,
scaling the chords between pot and prayer.
Then the lightning struck, and you
glimpsed eternity enough, I hope,
to join Whitman, Proust and Rimbaud.

My own long and winding road
leads, like yours, *all over creation.*
Yeah man! Ain't nowhere else it can go.
And when I'm on my last legs,
in old age or sooner than I think,
I'll check out Death down at the crossroads,
have him smuggle me over the border,
then, goddammit Jack, we'll both
hitchhike, ah, the zigzag roads of heaven.

Translated by Frank Sewell

Johnny Appleseed

do Nuala Ní Dhomhnaill

Ní bhíodh ina chuid brístí agus ina léinidh
ach cóir éadaigh a d'fhóir do gach ré;
agus an sáspan caipíneach a shuíodh chomh teann
le bréidín táilliúra ar a chloigeann
is ann a d'ullmhaigh se a chuid bídh
gach maidin nóin agus deireadh lae
agus é ar shiúlta síoladóireachta, ar bhonnaí
a bhí chomh cruaidh cranraithe le rútaí,
i gcoillte cúil ó Ohio go Kentucky;
agus achan áit a ndeachaigh sé, bhláthaigh
na crainn úll ina dhiaidh chomh craobhach,
lasánta leis na *frontier girls* a chonaic sé.

Ní raibh sé riamh i dtreis le Dia ná le duinc
is cé gur choinnigh sé leis fein ó bhliain go bliain
bhí a bheatha á hordú aige mar shíl sé a bheith cóir;
is ní dhearna Indiach nó Settlerer nó ainmhí fiáin
díobháil nó dochar dó i gcríocha a bhí gan dlí.
Thug sé ceart agus cothrom do gach ní
de dhúile Dé ar fud na díthreibhe;
is ní chuirfeadh sé as dó beag nó mór
taobh an fhoscaidh de sheanchrann
nó uachais raithní cois abhann
a roinnt ar oíche thrombháistí
le racún le béar nó le nathair nimhe.

Dúirt seanbhean roicneach ó Richland County
go bhfanadh sé corroíche i dtigh a tuismitheoirí
nuair nach raibh inti féin ach slip bheag girsí;
ach ba é an chuimhne ba bjuaine a bhí aici air
nár labhair sé faoi mhná ach aon uair amháin:

Johnny Appleseed

for Nuala Ni Dhomhnaill

His trousers and shirts were
all-purpose, seasoned wear
and his kettle-lid of a hat
sat tailor-tight on his head.
He wore it day-in day-out
at home or working the ground
on his hard knotted feet
like stumps you sometimes see
between Ohio and Kentucky.
Anywhere he went was lucky:
the apple-trees would bloom
red and rosy as them
frontier girls. No bother
ever with God or another,
he kept himself to himself
and lived an ordered life
after his own fashion,
unharmed by Settler, Indian
or wild beast of the frontier.
Always fair and square,
he did good by all who breathed
in the outlaw territories
and if need be, he gladly took
shelter with a rattle-snake,
raccoon or grizzly bear
under a nearby tree or fern
on a rainy night. A woman
born years ago in Richland
said sometimes he stayed over
her house. A slip of a girl
back then, she recalls the one

oíche gheimhridh agus iad socair cois teallaigh
ag caint ar chúrsaí cleamhnais an cheantair,
d'fhuaraigh a ghnúis is tháinig siocán ina shúile,
some are deceivers, a dúirt sé lena hathair
agus é ag amharc isteach i gcroílár na mbladhairí,
is mhothaigh sí an phian a chiap is a chráigh é
is a chneáigh í féin gach uair a chuimhnigh sí air.

Ach in ainneoin chianfhulaingt sin na péine
níor lig sé dá léas dóchais a dhul as.
Sin cinneadh; An spréach atá ionat a mhúchadh
nó í a spreagadh chun solais is déine.
Chinn sé a chroí a chur i gcrainn úll anois
is iad a shíolú is a scaipeadh in ainm an dóchais
a d'adhain istigh ann go fuarintinneach.
Sna coillte atá fágtha go fóill, fann agus gann
in Kentucky in Ohio agus in Illnois
tá a shamhail le feiceáil i gcónaí san Earrach –
laomlasracha geala na gcrann
agus leid bheag den tsiocán ina ndreach.

and only time a woman
was mentioned. It was winter,
and sitting round the fire,
they spoke of wedding-matches.
Suddenly, there were ice patches
on his face and eyes. *Some,*
he said, *are deceivers.* The young'un
heard the coal hiss
in the hearth, she remembers.

Despite that long pain,
he never let despair darken
his door. Fate can either
stir the embers or smother
the flame. He put his heart
into apple-trees after that,
laying seed-bed after seed-bed
of hope that sprung in hundreds.
In the orchards that remain,
now few and far between,
you still can trace him
come Spring: fire-red blossoms,
and only the slightest
ever hint of frost.

Translated by Frank Sewell

Do Narayan Shrestha

(fear iompair a fuair bás in aois a scór bliain; Smahain 1996, Nepal)

*Imíonn na daoine
ach fanann na cnoic*

Ó do bhaile beag sléibhe
i Solukhumbu
tháinig tú linne – Éireannaigh
ar thuras chun an fhásaigh –
le pingneacha a shaothrú
mar fhear iompair ualaigh
agus mar ghiolla cistine.

Is beag a shíl tú
agus muid ag fágáil Kathmandu –
aoibh an áthais
ar d'aghaidh óg álainn –
gur anseo i mbéal an uaignis
i bhfiántas sneachta
a bheadh fód do bháis.

Fágadh tú fuar fann folamh
ar laftán sneachta –
bláth bán an bháis ag liathadh
lí is dealramh d'áilleachta –
tusa a bhí i gcónaí lán de chroí
is a raibh gríos na gréine mar lí
an óir ag lasadh do ghnúise.

For Narayan Shrestha

(a sherpa, died aged 20, November 1996, Nepal)

*People pass away
but the mountains stay*

From your small mountain village
in Solukhumbu,
you came with us Irish
on a journey to the wilderness –
to make a few bob
as a baggage-carrier
and kitchen hand.

You would hardly have thought
as we left Kathmandu –
a happy smile
on your lovely young face –
that here in the mouth of loneliness,
these snowy wilds
would become your death-place.

You were left cold and emptied
on a bank of snow,
the white flower of death
drawing the colour from your complexion –
you who were always big-hearted
and had the sun's heat
gilding your cheeks.

Anocht táthar ag faire do choirp
ar láthair seo an léin
chan ar mhaithe le d'anam
a Narayan bhoicht, a dheartháirín mo chléibhe,
ach ar eagla go ndéanfadh
na hainmhithe allta
do chnámha a stóiceadh óna chéile
ar fud an tsléibhe.

Beidh cuimhne agam go brách
ar ghaethe gréine do gháire
ag éirí go lách
as na duibheagáin dúdhonna
i do shúile
agus tú ag tabhairt tae chugam
le teacht an lae.

Anois tá duibheagán dubh an bháis
ag drannadh idir mé agus tú –
mise ar bhruach an tsaoil
tusa ar bhruach na síoraíochta
agus gan bealach lena thrasnú
ach ar chlochán sliopach na bhfocal
ach na focla féin, faraor, anocht
táthar á mbriseadh i mo bhéal le tocht.

Tonight, they are waking your body
in this sorrowful place,
not for the good of your soul,
poor Narayan, my brother,
but in case the wild animals
shred your bones
all over the mountain.

I will always remember
the sun-rays of your laughter
rising generously
from the dark brown depths
of your eyes
as you brought me tea
each day.

Now the black abyss of death
opens its maw between us:
me on the side of life,
you – of eternity,
and no way to cross over
but the dodgy stepping-stones
of words; though tonight
they crumble on my tongue.

Dhéanfar do chorp a dhó is a dhúloscadh
amuigh anseo ar thaobh an tsléibhe
i dtalamh deoranta
i bhfad ó do ghaolta
agus ó phaidir a gcaointe.
Níl ar a gcumas
de bharr bochtanais is anáis, tú
a thabhairt 'na bhaile go Solukhumbu.

Dálta do bhunadh agus a mbunadh siúd
bhí seanchleachtadh agatsa
ó bhí tú baoideach óg
ar ualach a iompair –
ualach na bochtaineachta
ualach na hainnise
ualach na hiompartha –
ar a laghad, a Narayan dhil
ní bheidh tú ag iompar
ualach na bhfód.

2.

Déanann Shiva an scriosadóir
luaith de gach ní gan trua
le cead a thabhairt don Chruthú
toiseacht aríst as an nua.
Dhéanfar tú a ioncholnú
a dúirt tú i gcinniúint eile
ach ní fios domh do chruth
nó do chló i do bheoriocht úr,
cé acu a' bpillfidh tú
chugainn mar luibh nó mar leanbh.

142

Your body will be cremated
here on the mountainside,
in foreign territory
far from your people,
their laments and prayers.
They're just not able,
in their want and poverty,
to bring you home to Solukhumbu.

You, like them,
were well used to carrying
uphill burdens
from you were no age:
the burden of poverty,
the burden of distress,
the burden of carrying.
At least, dear Narayan,
you won't have to bear
the burden of soil.

2.

With no pity, Shiva the Destroyer
makes ashes of everything
to let Creation
start all over again.
You will be reincarnated,
you said, in another fate
but I do not know the shape
or pattern of your new existence,
whether you'll return to us
as a plant or child.

143

Is spéis liom dá bhrí sin
a Narayan, a chara na n-árann,
éisteacht go mion agus go cruinn
le scéalta reatha na gcrann –
le caidé atá na cuiteogaí
a rá leis na clocha...

Inniu tchím an talamh is an tsíoraíocht
ag teacht le chéile
ar bharr an tsléibhe
i mbarróg dhearg seo na maidine.
Tá gach tráithnín féir ag cantaireacht
is ag éirí mar thúis
i láthair an tSolais.
Inniu tá do chuid luaithe
a Narayan, a chroí
ag canadh i mbéal na gaoithe...

And that is why, Narayan,
my wise friend, I listen
closely and carefully
to the tree-talk
and to what the worms
are saying to the stones.

Now I see land and eternity
coming together in one
crimson morning embrace
on top of the mountain.
Every leaf of grass is singing
and rising like incense
towards the light.
Today, my friend,
your ashes are blowing
in the wind.

Translated by Frank Sewell

PART II: OUT IN THE OPEN

Six

Ceist! Cé a Tharrthálfadh Dán?

I ndúlaíocht na hoíche saolaím an ghin
A toirchíodh i m'tintinn

is fágaim é cuachta ar Níl na cinniúna –
Maois bheag an cheana.

Question! Who'd Foster a Poem?

In the dead of night, I bring to birth
my brain-child.

I leave her at the doorstep of Fate –
a love-child.

Translated by Frank Sewell

Haikú

dálta spioradaí
déanaim toghairm a chur orm féin –
labhrann véarsaí

*

cailín ardnósach –
liathaíonn a súilghealaí
mo cheann catach

*

Party

biorán staonaitheora
mórfhoclach ar liopa a phóca –
mac an mheisceora

*

Maidin samhraidh –
freagraíonn an féir
glas smaragaide mo gheansaí

*

Haiku

just like a mystic
i summon up my spirit –
and hear verse speaking

*

a stuck-up woman
puts years and grey hairs on me
with moon-striking eyes

*

Party

a Pioneer pin
tells a tale from the lapel
of the drinker's son

*

a summer morning –
the grass suits my green jumper
right down to the ground

*

151

gealach na gcoinleach –
tá úll dearg san fhuinneog
is an dath ag síothlú as

*

bealach portaigh

I bpollán sa bhóthar
comhairim an t-achar
idir dhá réaltóg

*

oíche bhaistí

píosaí poircealláin
ag glioscarnaigh sna portaigh –
gealach i bpolláin

*

Ag gríosú
tarbh gréine –
tuáille dearg ar líne

*

look! a harvest moon –
a red apple on the sill
is sapped of colour

*

bog-trail

here in a puddle
i can estimate the space
between two stars

*

rainy night

bits of porcelain
glistening across boglands –
the moon in puddles

*

out taunting the bull
of the sun – a red towel
on a washing-line

*

I mo sheomra leapa

oíche fhada gheimhridh –
cumhaidh ar an chuileog fosta
léi féin sa leabaidh

*

geimhreadh

lá i ndiaidh lae
tchím an ghrian ag gabháil in ísle –
tá m'athair seachtó a sé.

*

in my bedsit

a long winter night –
even the fly gets lonely
alone in its bed

*

winter

every day I see
the sun going down – my dad
is in his sixties

*

Translated by Frank Sewell

An Bás

(splanc í siopa na bpeataí)

I gcás na gcnámh
chonaic mé éan creiche inné
i gclúmh glébhuí
é ag piocadradh i mo chroí.

Agus an béile ite –
is nach fios cén uair go cinnte –
imeoidh sé ar eite
in airde i dtreo na gréine,

ach ina ghob i bhfoirm cleite
beidh m'anam leis chun na firmiminte.

Death

(satori in the petshop)

Yesterday I saw a bird of prey
in my skeleton cupboard.
He was canary yellow
and pecking at my heart.

When he is done
(God knows when),
he'll take to his wings
and fly to the sun.

In his beak, light as a feather,
my soul will fly further and further.

Translated by Frank Sewell

Dréimire

Aréir agus é 'na luí ar a leabaidh
chonacthas dó i dtaibhreamh
go raibh sé ag dreapadh
suas céimeanna crochta
na Síoraíochta chun na bhFlaitheas
ar thóir drithleog den tSolas –
aibhleog dhearg amháin
ó chraos tintrí na hEagna Síoraí
agus chonacthas dó go raibh aingle
ina mbuíonta lasánta mar choinnle
iad uilig ar dhealramh a chéile
deasaithe in éideadh bhán
ina seasamh ina éadan
go díbhirceach, díoltasach,
a choinneáil amach
ó theallach an tSolais;
chonacthas dó go raibh bruíon ann
agus bualadh, griosáil agus greadadh
sa chruth gur fágadh báite
ina chuid fola féin é sa deireadh
ag lí a chréachtaí
is ag géilleadh dá gCumhachtaí
agus é ag teitheadh lena bheo
scaoth sciathán á thionlacan
amharc amháin dá dtug sé ina dtreo
chonaic sé nach fuil a bhí ag sileadh leo
ach sobal soilseach, bán,
mar a bheadh an cúr a gheofá ar shruthán

Ladder

Last night in bed,
he dreamt he climbed
up rungs to eternity
for an inkling of light,
what he remembers
as one red ember
from the infernal maw
of God; and saw
what looked like angels
fired-up as candles,
all the very spit
of eachother in white,
ranged against him,
furiously dancing,
to keep him out
from the hearth of light.
Violence flared
to the degree where
he nearly drowned
in his own blood,
licking his wounds,
falling within an ounce
of his life, a swarm
of wings after him,
his last glance:
their bloodless jaws
frothing with saliva
like foam on a river.

Ar maidin agus é ag amharc amach
ar an gharradh chonaic sé dréimire
'na sheasamh le crann
agus ag sciathánaíocht os a chionn
dhá fhéileacán déag;
Ar an talamh bhí deora dé
scaipithe sa drúcht.

He found, next morning,
a ladder in the garden,
up against his cypress
tree, twelve butterflies
flying overhead,
and 'Tears of God'
(in English, fuchsias)
scattered on the grass.

Translated by Frank Sewell

An Lilí Bhándearg

Bhí gach ní nite ina nádúr féin
— Seán ó Ríardáin

Siúlaim thart ar an tábla go mífhoighneach. Seasaim bomaite beag
    os coinne na fuinneoige
ag stánadh ar na crainn ghiúise ansiúd i nGarradh an Chuilinn
    ag croitheadh a gcinn
is ag luascadh a ngéaga i ngaoth bogbhinn ó ghualainn an
                               tSoipeacháin.
    Ólaim bolgam tae.
Cuirim caiséad ar siúl, coinséartó cláirnéide de chuid Mozart, ceol
    lán de lúth agus de láthar.
Scuabaim an t-urlár, ním na soithí, tugaim spléachadh go tapaidh
    fríd fhoclóir an Duinnínigh;
Caithim seanleathanaigh leathscríofa isteach i dtinidh na cisteanadh
    agus mé an t-am ar fad
Ag cuartú na cuimhne, ag ransú na haigne, ag tóraíocht sa
                              tsamhlaíocht,
    ag lorg briathra béal-líofa,
Focla a bheadh beacht, braitheach, beannaithe, briathra bithbheo
    a bhéarfadh brí agus beatha
do mo dhán, a dhéanfadh a shoiléiriú agus a thabhairt chun solais:
    tá an lilí mhór bhándearg
ansiúd sa tsoitheach chré, gan bogadh, ag breathnú go súilfhoscailte.

Caithim orm mo chóta. Deifrím amach go driopásach, casaim ar chlé
    ag Tobar na Coracha,
suas Bealach na Míne agus amach malaí crochta Loch an Ghainimh
    go fíoruachtar na Malacha,
ach níl suí ná suaimhneas le fáil agam ó bhuaireamh seo na bhfocal.
    Pillim aríst ar an bhaile.

The Pink Lily

Everything was bathed in its own nature.
— Seán ó Ríardáin

I'm walking round the table, all agitated.
Standing for a moment opposite the window.
Staring at the pine trees in the holly-garden
shaking their heads and swaying their arms
in the wind – a perfumed veil sloping off
the shoulders of Soipeacháin. I take a mouthful
of tea. Put on a cassette. A clarinet concerto
of Mozart's. Music full of joy and vigour.
I brush the floor. Do the dishes. Flick
through my Dinneen. Throw old half-written
pages into the fire and search the whole time
through memory, mind and imagination
for words flowing fast with feeling.
Holy and precise words to enliven my poem
for all eternity with quiddity and clarity.
Words to bring it out into the light.
Motionless, the huge pink lily stares
wide-eyed at me from her clay vase.

I put on my coat and hurry out. Turn
left at Tobar na Coracha. Head on up
Bealach na Míne out to the hanging slopes
of Loch an Ghainimh to the top of Malacha.
Finding neither peace nor release from this
word-weariness, I head back home. The lily
is where she was: stayed-put and placid, prim
and petalled, pretty-facing me, greeting me
with patience and loving looks, never blinking
or turning away her glad-eye as handsome
and bright as the glinting eye of a bridge.

Tá an lilí san áit a raibh sí, suaimhneach, socair, seasta, séimh,
    tiontaithe i mo threo,
a ceann bláfar piotalach ag breathnú orm go ceanúil,
    ag beannú domh go stuama.
Stánann sí orm de shíor, gan an tsúil sin ariamh a chaochadh,
    gan amharc i leataobh;
súil ollmhór an cheana atá chomh tarraingteach, chomh lán
                                            de sholas
    le súil dhiamhair droichid.

An brú atá ormsa le mé féin a chur in iúl faoi scáth na bhfocal;
    níl aon ghá ag an lilí
lena leithéidí. Ní theastaíonn ealaín na bhfocal uaithi le í féin
    a nochtadh, a chur in aithne.
Is leor léithe a bheith mar atá sí, socair, suaimhneach, seasta,
    ansiúd sa tsoitheach chré.
Í féin a deir sí agus deir sí sin go foirfe, lena crot, lena cineáltas
    lena cumhracht, lena ciúnas.
Má shiúlaim róchóngarach dithe cuirim ar crith í, ar tinneall.
    Mothú ar fad atá inti
agus í ag breathnú agus ag braistint, ag ceiliúradh na beatha
    le niamh dhearg a hanama.
An é go bhfuil mé gafa i gciorcal draíochta an bhlátha seo, go bhfuil
    ciapóga ag teacht orm?
Ní hé go dteastaíonn uaim a bheith i mo lilí, cé go mbeinn sásta
    leis an chinniúint sin
in cé bith ioncholnú eile atá i ndán domh sna saoltaí romham
                                            amach.
    Níl uaim i láthair na huaire
ach a bheith chomh mór i dtiúin le mo nádúr daonna is atá
    an lilí seo lena dúchas lilíoch.
Níl uaim ach a bheith chomh mór i mo dhuine agus atá an lilí
    ina lilí – an lilí bhándearg.

164

The force I feel to express myself in words,
the lily has long since mastered. She needs no more
art than nature itself to declare her genius.
Enough for her to be who and what she is,
to stay put and placid in her clay vase,
expressing herself clearly and confidently
from stalk to scent, in her shape and silence.
If I step too close to her, she tenses,
trembles. She is all feeling, watching, sensing,
celebrating life in the scarlet of her soul.
Has this flower overpowered me? No.
Though I'd be happy with that incarnation
in another life, all I want now is
to be as human as the lily is *lilium*,
as much myself as that lily in the pink.

Translated by Frank Sewell

Do Isaac Rosenberg

Le bánú an lae agus muid ag teacht ar ais
i ndiaidh a bheith ag suirí i mbéal an uaignis
d'éirigh na fuiseoga as poill agus prochóga Phrochlais

agus chuimhnigh mé ortsa, a Isaac Rosenberg,
cathshuaite i dtailte treascartha na Fraince, ag éisteacht
le ceol sítheach na bhfuiseog le teacht an lae

agus tú ag pilleadh ar do champa, thar chnámha créachta
do chairde, ruaithne reatha na bpléascán, creathánach,
ag deargadh an dorchadais ar pháirc an chatha.

Ag éisteacht le meidhir na bhfuiseog idir aer agus uisce
thaibhsigh do dhánta chugam thar thalamh eadrána na
                              síoraíochta, líne,
ar líne, stadach, scáfar mar shaighdiúirí ó bhéal an áir

agus bhain siad an gus asam lena gcuntas ar an Uafás:
as duibheagán dubh na dtrinsí, as dóchas daortha na n-óg, as ár
agus anbhás, d'éirigh siad chugam as corrabhuais coinsiasa –

mise nach raibh ariamh sa bhearna bhaoil, nach dtug
ruathar mharfach thar an mhullach isteach sa chreach,
nár fhulaing i dtreascairt dhian na fola;

nach bhfaca saighdiúirí óga mar bheadh sopóga ann, caite
i gcuibhrinn mhéith an áir, boladh bréan an bháis
ag éirí ina phláigh ó bhláth feoite a n-óige;

nach raibh ar maos i nglár is i gclábar bhlár an chatha,
nár chaill mo mheabhair i bpléasc, nár mhothaigh an piléar
mar bheach thapaidh the ag diúl mhil fhiáin m'óige.

For Isaac Rosenberg

The light is dawn as we stroll home
from our courting in the wooded wilderness.
Larks rise from the holes and hollows of Prochlais.

With that, I think of you, Issac Rosenberg,
war-worn on the overthrown fields of France.
You were listening to the dawn-song of the larks

while returning to your camp. Returning over the broken
bones of your friends, as the harrowing staccato
of bursting bombs turned the battled darkness crimson.

I hear the spirit of the larks between the air and water,
and your poems appear to me in the no-man's land of eternity,
line by line; faltering, fearful as soldiers at the mouth of slaughter.

The words humble me in their exposition of such horror:
the black holes of the trenches; doomed dreams of young boys,
massacres. They loom in the shadows of my uneasy conscience –

this man who has never been in the breach of bloodshed,
never attempted a fatal charge over the top into destruction,
or never once had to endure a gory, heart-stopping defeat.

I never saw fresh-faced soldiers thrown like straw sheaths
in the fertile fields of warfare; smelt a deathly stench
rising as a plague from the rotting flower of youth,

never wore the carnage-soaked muck of a battleground,
lost my mind in the sound of explosions, nor felt the hot sting
of a bullet, like a wasp sucking out the wild honey of my life.

O ná hagair orm é, a Isaac Rosenberg, d'ainm a lua,
mise atá díonaithe i mo dhánta i ndún seo na Seirce
agus creach dhearg an chogaidh i gcroí na hEorpa go fóill.

Ach bhí mo chroí lasta le lúcháir agus caomhchruth álainn
mo leannán le mo thaobh, gach géag, gach alt, gach rinn,
gach ball de na ballaibh ó mhullach go talamh mo mhealladh,

sa chruth go gcreidim agus muid i mbachlainn a chéile
go bhfuil díon againn ar bhaol, go bhfuil an saol lán d'fhéile,
go bhfuil amhrán ár ngrá ina gheas ar gach aighneas.

Agus tá na fuiseoga ag rá an rud céanna liomsa a dúirt siad
                                                    leatsa
sular cuireadh san aer tú, sular réabadh do chnámha –
Is fearr cumann agus ceol ná cogadh agus creach;

agus cé nach raibh mé ariamh i mbéal an chatha
agus cé nach bhfuil caite agam ach saol beag suarach, sabháilte,
ag daingniú mo choirnéil féin agus ag cúlú ó chúiseanna
                                                    reatha;

ba mhaith liom a dhearbhú duitse, a fhile, a d'fhán go
                                                    diongbháilte
i mbun d'fhocail, a labhair le lomchnámh na fírinne ó ár an chatha –
go bhfuil mise fosta ar thaobh an tSolais, fosta ar thaobh na Beatha.

No, don't be offended, Isaac Rosenberg, by my using your name,
I who am shielded by my poems in this sanctuary of love
while the red wound of war still festers in the heart of Europe.

For my soul was joyous from the closeness of that wonderful
                                                        body.
My lover at my side; each limb, each muscle, each promontory,
each portion of him from his crown to the ground – all so enticing.

I believe now, when we are entwined in each other's arms
there is a protection from danger. Life is full of generosity.
The song of our love is our safety from every dissension.

The Larks sing to me what they used to sing to you
before you were blown to the heavens –
companionship and music surpass rivalry and conflict.

Although I have never been in the jaws of combat,
and I have only ever frittered away my paltry lifetime
hibernating from current events in my cloistered corner;

I would like to assure you, beloved poet, who was unwavering
with your words, who spoke the stark truth amid the slaughter –
I am with you on the side of Light, with you on the side of Life.

Translated by Denise Blake

Notes

Na Píopaí Créafóige / The Clay Pipes (page 20/1)

Ted Holmes was an American who came to live in the vicinity of Falcarragh, some time in the late sixties. I met him one day while out walking along the backstrand below Falcarragh and we struck up a conversation. He talked a lot about death, about his won deep need to fathom its depth, to understand the "poetry of death". He read aloud a poem by some American contemporary of his. Ted's reading of this poem was very moving. I listened in awe. I was just a youngster and he was the first living poet I had met. This was a momentous occasion for me, a watershed. Years afterwards 'Na Píopaí Créfóige' arose from my recollection of snatches of Ted's conversation and his reading of that particular poem. Ted Holmes committed suicide in 1972. I hope that he has found his peace "where the sea meets that moon-blanched land".

Do Jack Kerouac / Let's Hit the Road, Jack (page 130/1)

"The strange solitary crazy Catholic mystic" and the inspirational hero of the "beat generation", Kerouac (1922-1969) made me a rucksack romantic. *On the Road* became my travelogue for inner-space travel.

Biographical Notes

CATHAL Ó SEARCAIGH is a poet of international renown whose "confident internationalism", according to Theo Dorgan, writing in *Irish Poetry Since Kavanagh*, "has already begun to channel new modes, new possibilities into the writing of Irish language poetry in our time." Selections of Ó Searcaigh's work have already been published in ten languages and he has read his work at arts festivals and literary celebrations throughout the world.

In Ireland he is a well-known television and radio personality and a member of Aosdána. He has received many major awards for his poetry, including the *Irish Times* Literature Prize and the Seán ó Ríardáin Award, and in 2000 the National University of Ireland conferred a Doctorate in Celtic Studies on him in recognition of his "unique contribution to Irish language literature".

Cathal Ó Searcaigh's latest publication is *Seal i Neipeal* (2004), a book about his travels in Nepal where he spends each winter in Kathmandu with his adopted Nepalese son, Prem Timalsina.

In 2000, he donated his house in Donegal, with its rare collection of art, and his archives to the Irish state.

FRANK SEWELL was born in 1968, studied English and Russian at the University of Belfast, then Irish poetry (both in Irish and in English) at the University of Ulster, where he now works as a lecturer in Irish Literature and Creative Writing. His own writing (mostly in English, but occasionally in Irish), includes songs, poems, short stories, translations (from several languages) and literary criticism; his poems have appeared in a number of anthologies and in many journals. He has translated full-length collections of poetry by Cathal Ó Searcaigh (Cló Iar-Chonnachta, 1998) and (with Mitsuko Ohno) Mutsuo Takahashi (Daedelus, 2006), and was formerly Irish language editor of the *Honest Ulsterman*.

DENISE BLAKE was born in Ohio, USA, in 1958, but moved to Ireland in 1969 where she grew up in Letterkenny, Co Donegal. A founder member of Errigal Writers' Group, she received an MA in poetry from Lancaster University / Poets' House and her first collection, *Take a Deep Breath* came out with Summer Palace Press in 2004. Her poems have been published in a wide variety of journals, as have her translations of Cathal Ó Searcaigh's work. She has also read at a number of literary festivals in Ireland.

SEAMUS HEANEY was born in 1939 in County Derry in Northern Ireland. He obtained a first class degree in English Language and Literature from Queen's University, Belfast in 1961, and taught in the English Department there until 1972, when he left in order to devote more time to his writing. In 1975, he resumed teaching – at Carysfort College, Dublin and later Oxford University and Harvard University, where he is currently the Ralph Waldo Emerson Poet-in-Residence.

He has published a number of poetry collections, including *The Haw Lantern*, which won the Whitbread Poetry Award in 1987. He is also highly regarded as a translator, his translation of *Beowulf* (1999) winning the Whitbread Book of the Year prize.

In October 1995, Seamus Heaney was awarded the Nobel Prize for Literature.

Also available in the Arc Publications
TRANSLATION series
(Translations Editor: Jean Boase-Beier)

ROSE AUSLÄNDER (Germany)
Mother Tongue: Selected Poems
Translated by Jean Boase-Beier & Anthony Vivis

*A Fine Line: New Poetry from Eastern
& Central Europe* (anthology)
EDS. JEAN BOASE-BEIER, ALEXANDRA BÜCHLER, FIONA SAMPSON
Various translators

FRANCO FORTINI (Italy)
Poems
Translated by Michael Hamburger

EVA LIPSKA (Poland)
Pet Shops & Other Poems
Translated by Basia Bogoczek & Tony Howard

Altered State: An Anthology of New Polish Poetry
EDS. ROD MENGHAM, TADEUSZ PIÓRO, PIOTR SZYMOR
Translated by Rod Mengham, Tadeusz Pióro *et al*

TOMAZ SALAMUN (Slovenia)
Homage to Hat, Uncle Guido and Eliot
Translated by the author, Charles Simic, Anselm Hollo,
Michael Waltuch *et al*